新媒体 · 新传播 · 新运营 系列丛

和秋叶一起学

直播营销

第2版

丛书主编 / **秋叶**

蔡勤 李圆圆 / 主编

庄明星 卢文玉 / 副主编

人民邮电出版社

北京

图书在版编目（CIP）数据

直播营销：慕课版 / 蔡勤，李圆圆主编. —— 2版
. —— 北京：人民邮电出版社，2021.8
（新媒体·新传播·新运营系列丛书）
ISBN 978-7-115-56643-0

Ⅰ. ①直… Ⅱ. ①蔡… ②李… Ⅲ. ①网络营销
Ⅳ. ①F713.365.2

中国版本图书馆CIP数据核字(2021)第108758号

内 容 提 要

本书共分为 10 章。第 1 章介绍了直播的基本概念、发展历程、直播的营销价值、直播营销的行业解析、直播营销的行业痛点和发展趋势；第 2 章至第 6 章从直播营销的平台选择、团队构建、主播打造、策划与筹备、商品规划等方面介绍了直播前期各个环节的准备工作；第 7 章至第 9 章分别介绍了直播前的引流预告，直播营销的话术设计、直播间的氛围管理方法、直播间的商品介绍、直播间的促销策略、直播间的用户管理，以及直播结束后的复盘方法，并详细介绍了直播营销的具体实践方法；第 10 章介绍了几个知名主播的成功案例，以期给读者带来启发，让读者学习到优秀主播及其团队的运营经验。

本书适合新媒体营销的学习者和从业者阅读，也可作为本科院校、职业院校市场营销类、企业管理类、商务贸易类及电子商务类专业的新媒体营销课程的教学用书。

♦ 主　编　蔡　勤　李圆圆
　　副主编　庄明星　卢文玉
　　责任编辑　连震月
　　责任印制　王　郁　焦志炜
♦ 人民邮电出版社出版发行　　北京市丰台区成寿寺路 11 号
　　邮编　100164　　电子邮件　315@ptpress.com.cn
　　网址　https://www.ptpress.com.cn
　　北京市艺辉印刷有限公司印刷
♦ 开本：720×960　1/16
　　印张：11.25　　　　　　　2021 年 8 月第 2 版
　　字数：207 千字　　　　　2021 年 8 月北京第 1 次印刷

定价：46.00 元

读者服务热线：(010)81055256　印装质量热线：(010)81055316
反盗版热线：(010)81055315
广告经营许可证：京东市监广登字 20170147 号

前　言

编写背景

当下，"直播+"已经发展成为个体、企业在新时代的新商业模式，"直播+"正在创造一个新市场。

对于个人来说，直播是一个展现自我的机会；而对于各行各业的企业来说，直播可以带动线上销售，也可以为线下门店导流，还可以让企业的品牌更加立体地呈现在用户面前，进一步增强用户黏性。因此，从 2019 年开始，个人、企业纷纷涌入直播行业。中国互联网络信息中心（CNNIC）发布的第 47 次《中国互联网络发展状况统计报告》的数据显示，截至 2020 年 12 月，我国网民规模为 9.89 亿人，网络支付用户规模达 8.54 亿人，网络购物用户规模达 7.82 亿人，网络直播用户规模达 6.17 亿人。其中，电商直播用户规模为 3.88 亿人，66.2%的电商直播用户在电商直播中购买过商品。由此可见，电商直播已经成为用户最喜爱的新兴购物方式之一。

电商直播行业取得惊人成绩背后，是越来越多的名人和知名企业携手入局。与之相对应，一些跟风入局的普通从业者和不知名的小品牌，由于缺乏影响力，缺乏资源支持，缺乏有效的方法，在直播赛场上只能场场"重在参与"。

对普通人而言，电商直播是不是"风口"呢？用户聚集的地方，是容易获取流量和注意力的地方，也是极具商业潜力的地方，因此电商直播是"风口"。但要想抓住"风口"，就需要理解规律，需要知晓策略，还需要关注细节、认真执行。越是缺乏资源支持的直播从业者，越不能盲目运营，越需要对行业有充分的了解，需要有效的运营方法和团队的精准执行。

为了更好地满足新媒体相关专业的学生和相关从业人员的学习需求，编者根据实际的直播策划思路与运营经验，结合最新的直播营销方法，对之前出版的《直播营销》进行了升级改版，希望能够将直播行业的知识和技能系统地呈现给读者。

本书特色

1．知识体系完整

本书遵循由浅入深的原则，从直播运营的角度，讲解直播营销过程中每一个环节的知识点和操作技巧。认真阅读本书，读者可以了解直播的整个运营流程，建立完整的知识体系。

2．内容实操性强

本书按照实践需求进行理论讲解，并将重点放在实操技能上，无论是刚接触直播行业的新人，还是从事直播行业多年的工作者，都能从本书中学到一定的实战技巧。另外，本书列举了大量精彩的实战案例，读者可以从中汲取丰富的经验。

3．注重思考练习

本书精心设计了大量的"课堂讨论"和"思考与练习"，旨在引导读者结合实际，尽快吸收所学知识点，在实际工作中真正地学以致用。

4．配套慕课视频

本书配套了慕课视频资源，读者可以随时随地观看视频，学习直播营销的实战技巧和经验。

教学建议

本书适合作为本科院校、职业院校新媒体营销相关专业的教材，如果院校选用本书作为教学用书，建议安排 32～48 学时。

编者情况

本书由蔡勤、李圆圆担任主编，由庄明星、卢文玉担任副主编。在此也特别感谢陈佩为本书录制慕课视频。在编写的过程中，由于行业和直播平台的快速发展，节中的疏漏之处在所难免，欢迎读者批评指正。

编　者
2021 年 6 月

目　　录

第1章
认识直播和直播营销

【知识目标】
（1）理解直播的含义。
（2）了解直播的发展历程。
（3）理解直播的营销价值。
（4）了解直播营销面临的挑战和未来的发展趋势。

1.1 认识直播

如今，直播已经成为这个时代的代表行业，很多主流软件都增加了直播功能。似乎在一夜之间，直播行业成为风口，成为特别"火爆"的行业。

其实，直播并不是突然"火爆"的。直播的繁荣，是很多因素结合起来的结果。学习以下内容，有助于我们了解直播繁荣的缘由。

1.1.1 直播的由来

"直播"一词由来已久。在传统媒体时代，就已经有基于电视或广播的现场直播形式，如晚会直播、访谈直播、体育比赛直播、新闻直播等。那时，直播一词是指"广播电视节目的后期合成、播出同时进行的播出方式"。

后来，随着互联网的发展，尤其是智能手机的普及和移动互联网网速的提升，直播的概念有了新的延展，越来越多基于互联网的直播形式开始出现。自此以后，直播的含义，更倾向于"网络直播"。

当下俗称的"直播"，即网络直播，也叫互联网直播，是指用户在 PC 端或移动端安装直播软件后，利用摄像头对某个事物、事件或场景进行实时记录，并在直播平台实时呈现，同时，其他用户可以在直播平台直接观看与实时互动。

相对于过去静态的图文内容，如今的直播主要以视频的形式向用户传递信息，表现形式也更加立体化，且能实现实时互动，因而更容易吸引用户的注意力，继而得到了蓬勃的发展。

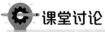

课堂讨论

做一个小调查，问问有多少同学看过直播，在哪些平台看过直播，以及为什么会去看直播。

▶▶▶ 1.1.2 直播的发展历程

在互联网上，文字是内容传播的最初形式，这种形式持续了很多年。后来，互联网上出现了图片，图文随之成为信息传播的主流形式。之后，视频出现了，但受到网速的限制，视频并没有迅速流行起来。如今，随着高速网络的普及，用户对视频的需求呈现爆发式的增长，直播作为提供视频内容的有效形式，得以快速发展。

直播的发展历程，从某种程度上看，也是直播营销价值的发掘过程。从这个角度看，直播的发展历程共分为四个阶段，如图 1-1 所示。

1.0时代 PC端秀场直播	2.0时代 PC端游戏直播	3.0时代 移动端直播	4.0时代 电商直播
2005年，视频直播开始在我国出现，9158、YY、六间房是早期秀场直播的代表	2014年，斗鱼和虎牙相继成立，正式拉开了游戏直播的大幕	随着移动互联网技术的不断升级，移动端直播带动了直播内容的延伸	2016年，淘宝、京东等主流电商平台相继上线直播功能，直播的营销价值开始被挖掘，直播"带货"开始发展并成为潮流

图 1-1　直播的发展历程

1. 直播 1.0 时代：PC 端秀场直播

网络速度和硬件水平是影响互联网直播发展的主要因素。受这两个因素的制约，最初的互联网直播，并不能支持用户同时打开多款软件进行"一边玩游戏，一边直播"或"一边看体育比赛，一边做解说"等操作，仅支持用户利用 PC 端网页或客户端观看秀场直播。

秀场是公众展示自己能力的互联网空间，从 2005 年开始在我国兴起。2005

年，"9158"网站成立，其业务模式以文化娱乐为主。自成立起，"9158"平台上汇集了大量"草根"明星和平民偶像，逐步发展成"网络红人"、歌手、"草根"明星的发源地之一。2006年，"六房间"网站成立，与"9158"网站共同成为视频直播的早期主流平台。

2. 直播 2.0 时代：PC 端游戏直播

随着计算机硬件的发展，用户可以打开计算机进行多线操作，"一边听 YY 语音直播，一边玩游戏"的形式开始出现，游戏直播开始兴起。

与此同时，一系列游戏直播平台开始出现。

2008 年，主打语音直播的 YY 语音面世，并受到游戏玩家的推崇。在早期网络游戏领域，使用 YY 语音进行游戏沟通成为游戏爱好者的共同习惯。

2011 年，美国 Twitch.TV 从 Justin.TV 分离，独立成为首家游戏直播平台，主打游戏直播及互动。随后，YY 游戏直播于 2013 年上线，斗鱼直播于 2014 年上线，我国 PC 端游戏直播平台初具规模。

在游戏直播发展的初期，很多主播在自己的直播间推销鼠标、键盘、摄像头等计算机外设。这种"直播+推销"的模式，是当时主播创收的重要来源，也是直播商业化的早期形式。

3. 直播 3.0 时代：移动端直播

随着智能手机硬件的不断升级，移动互联网逐步提速降费，用户进入全民移动端直播时代，与之对应的是大批移动端直播网站的火爆。

2015 年，映客、熊猫、花椒等纷纷布局移动端直播市场，相关直播创业公司也顺势成立，市场上最多曾有 300 余个直播平台。

2016 年，移动端直播市场迎来了真正的爆发期，移动端的视频直播成为继视频、秀场后的新兴市场，备受各大直播平台的青睐。移动端直播市场发展迅速，直播内容也快速延伸至生活的方方面面，包括聊天、购物、游戏、旅游等。

2017 年，经过一年多的行业洗牌，市场上知名度较高的移动端直播平台仅剩数十家，其中具有代表性的平台有花椒直播、映客直播、一直播等。

花椒直播平台利用"明星+主播"的形式，请明星助阵、对明星进行专访、让明星做主播等方式，迅速占领了移动端直播的一部分市场。映客直播平台与音乐人、综艺节目、明星合作，邀请当红明星入驻，也迅速"刷爆"朋友圈。一直播作为微博的直播战略合作伙伴，其运营形式与微博的"明星带动用户"的策略相似，通过邀请数百位明星在直播中与用户互动，直接带动了一直播平台用户的增长。

在这一阶段，直播的商业变现功能依然处于探索阶段。然而，直播所拥有的流量、社交属性、媒体属性，以及内容展现的场景化和互动特点，决定了直播营销价值的存在。

4. 直播4.0时代：电商直播

2016年5月，一款专注时尚女性消费的软件"蘑菇街"上线了直播功能，并成为其新的盈利点，并使其营收取得了明显的改观。随后，蘑菇街把企业的管理重心转移到了直播业务，使蘑菇街在"电商+直播"领域占据了领先的优势。

同年，淘宝正式上线直播功能，随后各个电商平台也纷纷开启直播功能。在淘宝平台开通直播功能的第一个月，薇娅便入驻淘宝平台并进行直播"带货"，她的第一场直播虽然只有200位用户观看，但在四个月后，她用一场直播促成了一亿元的成交额。

随后，淘宝和京东相继推出了直播"达人"扶持计划，为平台的直播业务投入了大量的资金。

虽然电商直播让直播行业获得了巨大的经济效益，但是在直播行业疯狂成长的2016年，电商直播的用户关注度和媒体关注度还是比其他类型的直播稍逊一筹。

2017年，淘宝直播和天猫直播合并，阿里巴巴开始加速布局电商直播，而快手也推出了具有平台保障的直播"带货"渠道，实现了快速挖掘平台用户消费潜力的目的。在随后的2018年和2019年，淘宝和快手通过电商直播达成的交易金额，都实现了快速增长。

2020年年初，电商直播再一次出现在了大众面前。这一次，从商场里的售货员，到企业管理者，都走进了直播间，进行直播"带货"。同年的7月6日，"互联网营销师"正式成为国家认证的职业，为"带货"主播提供了职业化发展的道路，同时也为电商"带货"的市场化和规范化增设了一层保障，使电商直播获得了更好的发展。

C 课堂讨论

在直播的发展历程中，给你印象最深的是哪个时代？有哪些标志性的事件或人物？

1.2 直播的营销价值

近两年，直播的火爆，主要原因在于其营销价值的充分挖掘。正是因为看到了直播在营销方面的潜力，许多行业的人员才积极涌入"直播"行业，将直播营销作为新时代营销战略之一。

直播的营销价值，主要体现在"人、货、场"三要素的有效重构，以及直播具备的独特营销优势。

▶▶▶ 1.2.1　重构"人、货、场"三要素

营销的本质是连接商品和用户，而连接方式就是构建消费场景。商品简称为"货"，用户即"人"，场景是"场"。"人、货、场"，即构成了营销的三要素。

直播营销，是一种基于直播媒体的新型营销方式，并没有脱离"人、货、场"三要素，而是有效重构了"人、货、场"三要素，更符合用户的购物体验，是一个更加高效的新商业模式，具体表现如下。

1. 人

直播营销方式中的"人"有两个元素：用户和主播。

传统的营销方式，是以"货"为核心，围绕"场"进行布局，"人"（用户）到"场"去买"货"，销售人员为用户提供销售服务；而直播营销，则是以"人"（用户和主播）为中心，围绕"人"（用户和主播）进行"货"和"场"的布局。

用户是直播营销的基础元素，决定着一场直播的营销成果。而能不能吸引用户在直播间互动甚至产生购买行为，一个关键因素就是主播的营销能力。

在一场直播营销中，主播的考评依据，并不仅仅在于其影响力、名气或粉丝量，还在于主播是否充分了解用户需求，能否根据用户的需求选出好物，能否跟供应商谈成低价和争取足够有吸引力的福利，能否通过直观的讲解减少用户的消费决策成本及节省用户选购时间。

优秀的主播往往具备以下3个方面的能力。

（1）对商品熟悉，能熟练而专业地展示商品的优点。

（2）有鲜明的特色、人设、风格、个人魅力。

（3）能够使用合适的话术，打动用户。

当然，如今的直播营销过程，已经不是主播一个人在战斗，而是一个运营团队在其背后出谋划策及支撑运营。

2. 货

"货"指直播间销售的商品。与传统营销的"先有货，货找人"的方式不同，直播营销需要主播先站在用户角度去"选货"（即"选品"），再整合供应链及制订优惠的价格，最后再通过主播在直播间对"货"的充分展示引导用户产生购买行为。在这一系列的营销环节中，选品也决定了直播营销的效果。

在直播营销中，选品的原则是选择低价、高频、刚需、展示性强、标准化高

的商品。在此基础上，若能满足以下四个方面，就更容易获得良好的销售成绩。

第一，符合定位。即所选商品应符合直播间的定位、主播的人设。

第二，亲测好用。主播只有认真用过，才能做到深度了解商品，把真实的体验传达给用户。如果只是像一个播报机器人一样读商品简介或说明书，不但无法打动用户，而且随时都可能"翻车"。

第三，优化品类组合。主播可以将不同类型的产品做成产品组合，保障直播间的收益。

第四，有售后保障。用户通过直播间下单后，收到货发现有问题，主播若不能及时、有效处理，用户就会失去对主播的信任。直播间若失去用户，营销活动也就无法继续。因此，主播选品时，要选择有完善的售后保障的商品。

3. 场

场，主要是指消费场景，是为连接"人"和"货"而存在的。在直播营销中，"场"的意义在于，主播通过实时互动，搭建消费场景，引发用户的消费欲望，促使用户产生消费行为。

目前，用户通过观看直播产生消费行为，主要有以下 6 种场景模式。

（1）碎片式场景。用户碎片化时间浏览抖音、快手等短视频平台，看到自己关注的主播在直播，进入直播间观看后被"种草"（推荐），于是下单购买。

（2）社交式场景。用户在微信群看到朋友推荐主播的直播链接，可能会点进去观看，发现主播介绍的商品恰好有需求，且认为价格也便宜，于是下单，顺手还关注了主播的账号。

（3）消遣式场景。用户在下班回家路上或吃过晚饭休息时，随便点进直播间，从而产生购买行为。

（4）需求式场景。用户有购物需求时，去逛淘宝、京东，发现一些店铺正在直播，通过直播更加直观地感受商品，还可以实时互动咨询，从而产生购买行为。

（5）沉浸式场景。用户像看综艺节目一样，观看直播。这种直播通过主题、内容、环境构建、主播与嘉宾间的现场互动，展示商品的使用场景，使用户对商品产生更好的了解。所见即所得，于是忍不住下单。

（6）追星式场景。一些头部主播有强大的影响力和粉丝群，在开播前会在粉丝群及关联的自媒体平台进行直播预告，粉丝会准时进入直播间观看直播。

课堂讨论

观看一场以销售商品为目的的直播，思考其中的人、货、场分别是什么。

▶▶▶ 1.2.2　直播的营销优势

2019 年，淘宝"双十一"活动期间，超过 10 万商家开通直播。"双十一"活动开场不到 9 小时，直播成交额突破 100 亿元，超过 50% 的商家都通过直播获得新的增长。2020 年年初，各类线下服装店、超市、企业、品牌纷纷转战直播营销行业，直播营销领域呈现出一派生机盎然的景象。直播之所以能受到企业、品牌和商家的青睐，是因为其具备以下七大优势。

1. 更高效的销售服务

任何一个直播间，可同时接待的用户数量远远超过线下导购场景，能在短时间内服务更多的潜在用户。

2. 更个性的信息传递

在直播间，主播可以根据用户的个性化需求有选择性地展示用户感兴趣的商品，并充分地展示商品的特点。

3. 更快捷的场景导入

用户在网店浏览商品图文详情页或翻看商品参数时，需要在大脑中自行构建场景；而直播营销完全可以将主播试吃、试玩、试用等过程直观地展示在用户面前，更快捷地将用户带入营销所需场景。

4. 更真实的商品感知

直播具有即时性的特点，能增强用户对商品的真实感知，提升其消费信赖感。

5. 更及时的销售互动

用户在直播间提问后，可以获得即时反馈，主播也可以通过用户在直播间的真实情绪快速做出反应，缩短用户的消费决策时间。

6. 更活跃的营销氛围

在直播间，用户更容易受到环境的影响而产生消费行为。这种环境影响，可能是基于"看到很多人都下单了"的"从众心理"，也可能是因为"感觉主播使用这款商品效果不错"产生的"榜样效应"，还可能是主播话术里的紧迫感触发的"稀缺心理"。不管具体原因是什么，在主播营造的氛围下，用户更容易产生消费欲望。

7. 更直接的营销反馈

直播间的互动是双向的、即时的，主播将直播内容呈现给用户的同时，用户也可以通过弹幕的形式，分享体验。借助直播，主播可以收集老用户的使用反馈和新用户的观看反馈，从而有针对性地在后续的直播中改进和优化。

如今，几乎所有的电商平台，都开通了商家直播功能；甚至各大自媒体平台，如以知乎、今日头条为代表的文字平台，以抖音、快手为代表的短视频平台，以喜马拉雅为代表的语音平台，也都开放了直播功能。诸多平台的入局，让直播营销几乎成为各行各业从业者的营销标配，而"一场直播卖货千万元甚至上亿元"的案例，各大平台也已经屡见不鲜了。

> 💡 **课堂讨论**
>
> 观看一场以销售商品为目的的直播，体验直播营销的过程，记录自己的心理变化。

1.3 直播营销的行业解析

直播团队需要从直播营销的主要形式、产业链结构、合作和收益分配方式三个角度了解直播营销行业。

▶▶▶ 1.3.1 直播营销的主要形式

直播营销，并不是主播简单地在直播间"叫卖"商品。直播间的直播营销方式有很多种。直播营销的主要形式如表 1-1 所示。

表 1-1 直播营销的主要形式

直播营销形式	直播间形式	直播内容	商品来源
推销式直播	自己搭建的室内直播间	主播讲解并展示商品，通过一些促销方式引导用户做出购买决策	品牌商合作的商品
产地式直播	商品的原产地或生产车间	展示商品真实的生产环境、生产过程，通过展示"真实感"引导用户做出购买决策	合作地区的农产品、合作品牌的商品
基地式直播	向基地运营方缴纳基地服务费，使用直播基地提供的直播间	主播讲解并展示商品，通过丰富的品类及有吸引力的价格策略，引导用户做出购买决策	直播基地的商品，这些商品往往有淘宝店铺链接，主播可一键上架到自己的直播间
体验式直播	自己搭建的室内直播间	在直播间，主播现场对商品进行加工、制作，向用户展示商品经过加工后的真实状态或商品的使用过程，唤起用户的体验兴趣，吸引用户做出购买决策	自制商品，或者品牌商提供的商品，主要类别是食品、小型家电等

直播营销形式	直播间形式	直播内容	商品来源
砍价式直播	自己搭建的室内直播间或品牌商提供的直播间	主播先向用户分析商品的优缺点，并告诉用户商品的价格区间，待确定用户有一定的购买意愿后，主播再向品牌商砍价，为用户争取更优惠的价格	多为品牌商合作的商品
秒杀式直播	自己搭建的室内直播间	向用户推荐商品，通过限时、限量等方式，刺激用户快速做出购买决策	多为品牌商合作的商品
知识类直播	自己搭建的室内直播间	主播以授课的方式在直播中分享一些有价值的知识或技巧，在获得用户的信任后，再推荐合作商品或与所分享知识相关的在线教育类服务	多为品牌商合作的商品，或者与所分享知识相关的在线教育类服务
才艺式直播	自己搭建的室内直播间	主播通过直播表演舞蹈、脱口秀、魔术等才艺，并在表演才艺的过程中使用要推广的商品，如与才艺表演相关的服装、鞋、乐器等	多为品牌商合作的商品
测评式直播	自己搭建的室内直播间	主播边拆箱边介绍箱子里面的商品，客观地描述商品的特点和使用体验，让用户真实、全面地了解商品的功能、性能等，从而让用户产生购买意愿和做出购买决策	多为品牌商合作的商品，品类多为数码产品
访谈式直播	自己搭建的室内直播间	围绕跟商品相关的某个主题，主播与嘉宾通过互动交谈的方式阐述自己的观点和看法，向用户介绍商品的独特功能和使用方法，吸引用户做出购买决策	多为品牌商合作的商品
海淘式直播	在国外商场、免税店进行直播	主播在国外商场、免税店进行直播，展示国外商场或免税店的商品及选购过程，提升用户的信任度，引导用户做出购买决策	国外商场或免税店销售的
日常式直播	日常生活场所	对主播个人而言，其可以直播日常生活的内容；对于企业来说，其也可以直播企业的日常工作场景，如研发新品的过程、生产商品的过程、领导开会的情景、员工的工作状态、办公室趣事等。通过这些趣味内容的直播，提升用户对主播和直播间的黏性	对直播团队来说，其可以推荐品牌商合作商品；对企业的直播部门来说，其在直播间可以推荐企业自己的商品或合作商的商品

第一章 认识直播和直播营销

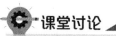

看一场知名主播的"带货"直播，想一想它属于什么形式的直播。

▶▶▶ 1.3.2 直播营销的产业链结构

在直播营销的产业链中，商品供应方、多渠道网络服务（Multi-Channel Network，MCN）机构、主播、直播平台的加入，使营销中"人、货、场"三要素得到了重新排列组合，使之呈现出不同于传统营销的产业链结构。

图 1-2 所示为直播营销的产业链结构示意图。在直播营销产业链中，上游主要为供应商，如品牌商、经销商、制造商等；中游主要为 MCN 机构、主播和直播平台；下游为用户。

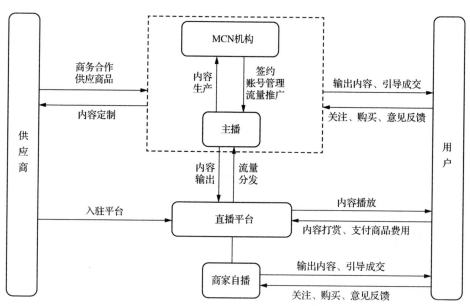

图 1-2　直播营销的产业链结构示意图

MCN 机构和主播是直播营销产业链的核心，起着连接供应端和需求端的作用。

一方面，在供应端，MCN 机构和主播链接供应商，为供应商的商品策划定制化内容。其中，MCN 机构可以为供应商对接适合的主播，并为主播提供账号管理、流量推广等运营方面的支持。对于个人主播而言，MCN 机构有助于个人主播快速成长；而对于专业的直播团队而言，他们可能并不需要 MCN 机构的服务。

另一方面，在需求端，MCN 机构和主播链接用户，可以搜集用户的消费反馈，通过大数据分析用户偏好，并反馈给供应商，从而帮助供应商进行商品结构的优化。

直播平台负责搭建和维护场景服务，并制订相关规则要求所有平台用户遵守。主播在直播平台输出内容，引导用户成交；用户在直播平台观看直播，支付商品费用，对主播进行打赏等。因此，直播平台的收入来源主要包括主播的打赏分成、主播"带货"所带来的销量分成、营销推广服务收入三种方式。

此外，供应商也可以入驻直播平台进行直播，即"商家自播"模式。在这种模式中，供应商自己的工作人员可以在直播间担任主播，输出直播内容，完成"带货"。

当然，一些已经拥有一定品牌效应的头部主播也可以根据用户需求打造自有品牌，即自建供应商。在这种模式下，主播需要先建立自有品牌，然后再委托有实力的制造商进行商品的研发、设计、生产及后期维护的全部服务，从而实现自有品牌的商品供应。

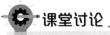课堂讨论

    观看一场主播的"带货"直播和一场商家自播的直播，观察两场直播的营销效果有什么不同。

▶▶▶ 1.3.3　直播营销的合作方式与收益分配方式

一般情况下，直播营销的合作，主要是指供应商和主播的合作。接下来，将介绍这种直播营销的合作方式和收益分配方式。

1. 供应商与主播的合作方式

在供应商与主播的合作中，直播营销的合作方式主要分为专场包场和整合拼场。

（1）专场包场，即供应商包场，整场直播所推荐的商品都是一家供应商提供的商品，可以是同品牌商品，也可以是一家供应商旗下的多品牌商品。对于供应商来说，这种方式的合作费用比较高，但产生的营销效果比较好。

（2）整合拼场，即主播在同一场直播中推荐多家供应商的商品。对于其中一家供应商来说，这种模式的合作费用较低，但营销效果不容易确定，供应商需要考察主播的能力及主播与商品的契合度。

2. 供应商与主播的收益分配方式

在供应商和主播的合作中，直播营销的收益分配方式主要有"纯佣金"和"佣

金+坑位费"两种方式。

（1）"纯佣金"方式

"纯佣金"模式是指供应商根据直播间商品的最终销售额，按照事先约定好的分成比例向主播支付佣金。例如，假设事先约定的佣金比例为 10%，主播在直播中卖出了 100 万元的商品，那么，主播就可以获得 10 万元的佣金。在直播行业中，主播的佣金比例往往由主播等级和主播过去的销售成绩决定。

（2）"佣金+坑位费"方式

"佣金+坑位费"模式，是指供应商先向主播支付固定的"坑位费"，在直播结束后，再根据直播间商品的最终销售额按照约定的分成比例向主播支付相应的佣金。这种收益分配方式主要存在于整合拼场中。

坑位费，也称"上架费"。对于一些头部主播，因为有很多供应商想要与之合作，主播就可以设定"坑位费"作为筛选门槛。这样，供应商的商品要想出现在这些主播的直播间里，就需要先支付一定的商品上架费。

需要说明的是，供应商支付坑位费只能保证其商品出现在直播间，并不能保证商品的销售量。

在实际的合作中，坑位费会根据主播等级的不同和商品在直播间出现顺序的不同而有所差异。

一般来说，头部主播的坑位费较高，这是因为头部主播的人气较高、曝光量较高，在一定程度上能够保证商品的销售量。而且，在头部主播的直播间，即使用户没有在直播间里购买某品牌的商品，但由于主播的高人气、高曝光量和高话题度，也能为供应商的品牌打响知名度，提升品牌的影响力。

而在整合拼场直播中，主播会在同一场直播中推荐多家供应商的商品，而推荐顺序则由供应商支付的坑位费决定。通常情况下，供应商支付的坑位费越高，商品出现的顺序越靠前。

课堂讨论

观看一场专场包场直播和一场整合拼场直播，观察这两场直播的营销效果有什么不同。

1.4 直播营销的行业痛点和发展趋势

直播营销的高转化效果，造就了直播营销行业的繁荣。早期，直播营销主要用于知名企业的新品发布会；后来，随着电商平台、短视频平台的"直播+电商"业务快速融合，以及李佳琦、薇娅等知名主播不断刷新成交记录，大量传统企业和中小企业纷纷入局，直播营销迅速成为很多大小企业"标配"的营销策略。

由于直播营销的高转化能力和低门槛，各行各业的人都难免动心，跃跃欲试。但并不是每一位入局的人都能得到可观的回报，只有了解直播营销的行业痛点和发展趋势，顺势而为，才可能抓住这个行业的发展机遇。

▶▶▶ 1.4.1 直播营销的行业痛点

如今，直播营销正处于风口，知名主播的直播"带货"成绩往往会引发热议，而其直播"翻车"事件也容易成为热门话题。这意味着，看似"遍地黄金"的直播营销，却不是每个入局者都能满载而归。主要原因则是，当前的诸多直播从业者依然无法解决三大行业痛点：无法让用户准确感知商品、主播"带货"能力与成本的矛盾、直播过程不可控。

1. 无法让用户准确感知商品

在直播间，很多主播为了直播画面的美感，会刻意调整直播间的灯光、展示背景、拍摄角度及画面滤镜，这些都会对商品的外观表现产生很大影响。这就导致用户在观看直播时看到的商品，与真实的商品可能存在差异。而在直播间的氛围引导下，用户从产生购买欲望到做出购买行为，往往缺乏理性的思考。这就导致，用户在收到商品后会产生"被欺骗"的感觉，从而影响到主播的商业口碑。

2. 主播"带货"能力与成本的矛盾

直播不同于短视频，优质的短视频内容可能并没有出镜人员，但直播不能没有主播。任何一场"带货"直播，都需要优秀的主播来介绍商品。这也意味着，主播的"带货"能力是直播营销成败的关键因素。

主播所带有的流量（即粉丝数量）在很大程度上决定着主播的价值。根据粉丝数量的多少，可以将主播划分为不同的等级：头部主播、肩部主播、腰部主播、尾部主播，如表 1-2 所示。

表 1-2　主播的等级及特点

主播等级	主播粉丝数	特点
头部主播	500 万以上	有较大的粉丝规模和号召力，但合作成本高
肩部主播	100 万～500 万	相对而言，合作的性价比较高
腰部主播	10 万～100 万	传播影响力和内容创作力有限
尾部主播	10 万以下	传播影响力低，内容创作力低，营销成效低

头部主播也被称为"顶流主播"，比其他等级主播的直播实力和直播成绩强很多。粉丝数超过 500 万的头部主播，其直播间的场均观看人数可达数百万，在曝光量和短期促成交易的实力上遥遥领先。因此，头部主播在商品价格和佣金分成上也拥有较高的决定权。

虽然头部主播具有极大的商业价值，但对商品供应商或品牌商来说，其与头部主播的合作成本太高，未必是一个好策略。例如，某家纺品牌与某头部主播进行直播营销合作后，该家纺品牌的股价经历了多个涨停。但是，这种涨停并没有持续很长时间，就一度出现跌停。于是，该家纺品牌被要求向大众披露一些合作信息。从披露的信息中可以看出，该品牌与头部主播的合作费用，几乎占据了其销售额的四分之一。

因此，如今的"带货"直播中，用户除了会看到知名主播外，还会看到很多店铺或品牌商的自有员工担任主播。这种员工担任主播的成本很低，且能持续开播多个场次，但由于流量少，专业度不高，取得的营销成绩远远低于知名主播。

3. 直播过程不可控

用户愿意在直播间购买商品的一个主要原因在于直播内容的不可剪辑、不可重录，镜头下的所有内容都会实时地传递给用户。这会让用户在一定程度上相信，直播间展示的商品是"所见即所得"。这种"不可剪辑""不可重录""实时传递"的特点，是直播作为一种营销手段的独特优势，同时也成为难以规避的风险。因为直播镜头可能会在无意中将商品缺点暴露出来，而缺点一经暴露，就不可撤销，也无法掩盖。这种"翻车"情况，不但会影响直播营销的结果，甚至会影响到主播及直播团队的声誉。

 课堂讨论

找一个主播直播"翻车"的新闻报道，分析其"翻车"的原因。

▶▶▶ 1.4.2 直播营销的发展趋势

直播营销有如今的发展，从某种程度上可以归结为直播平台和电商平台的优势整合。不管是电商平台还是直播平台，"直播+电商"模式起初可能只是不断尝试的众多变现策略之一。而这种模式得以不断发展，则应归因于用户端的驱动。那么，这种模式在未来将会如何发展呢？

1. 监管日益严格，行业也越来越规范

直播营销在 2020 年第一季度真正展现了独特的营销优势，销售服务变得生

动、直观且有趣，传播也更加及时而广泛，整个行业具有爆发力和感染力。但同时，直播营销行业的固有问题也都一一呈现，如虚假宣传、商品质量无法保证等，这都直接影响广大用户对直播营销的认知，也影响着直播营销行业的商业信誉。

为了顺应市场的发展趋势，规范直播营销从业者的经营行为，满足用户对于保证商品质量的需求，多项直播营销行业规范标准相继出台。

2020 年 7 月 1 日，中国广告协会发布了《网络直播营销行为规范》（以下简称《规范》），该《规范》对直播营销活动中的各类角色及其行为进行了全面的定义和规范，其中，明确禁止"刷单"、篡改交易数据和用户评价等行为。

2020 年 7 月 6 日，人力资源和社会保障部联合国家市场监督管理总局、国家统计局正式向社会发布包括"互联网营销师"在内的 9 个新职业。这意味着，此后，主播必须取得"互联网营销师"的相关资质才能从事直播"带货"活动。

同月，中国商业联合会媒体购物专业委员会牵头起草制定的《视频直播购物运营和服务基本规范》也正式实行，直播营销自此有了行业标准，直播领域也开始了一轮又一轮的洗牌。

不同于过去的营销方式，以直播"带货"为主要形式的直播营销，兼具营销和交易的双重属性，打破了原有的营销和交易两元分割的态势，这就导致过去已有的监管规则难以对其有效监管。为了解决监管难题，2020 年 11 月 6 日，国家市场监督管理总局发布了《关于加强网络直播营销活动监管的指导意见》，明确列举了《电子商务法》《消费者权益保护法》《反不正当竞争法》《产品质量法》《食品安全法》《广告法》《价格法》等法律规定可以查处的直播营销违法行为。例如，市场监管部门可用《反不正当竞争法》规制直播营销从业者对商品或服务的性能、功能、质量、销售状况、用户评价、曾获荣誉等方面的虚假宣传。

可见，未来的直播营销将会越来越规范化，国家对于直播营销行业的监管也会越来越严格。

2. 新技术加持，进一步优化用户的在线场景体验

虚拟现实（Virtual Reality，VR）直播被认为是直播领域的发展趋势，它是指利用技术模拟一个三维空间，同时模拟用户在空间内的视觉、听觉、触觉等感官刺激，从而营造出"身临其境"的感觉。

VR 直播是 VR 技术与直播技术的结合。通过使用 VR 摄像机或全景拍摄设备采集多角度的画面，实时对这些画面进行去重叠和拼接组合，生产出完整的 VR 视频内容。将拼接好的视频内容经过编码压缩形成视频文件并使用流媒体协议封装后，再实时推送至网络进行传输。这样，用户在观看直播时就可以自由选择观看角度，主动选择想观看的内容，从而获得沉浸式的观看体验及身临其境的现场感。

近年来，VR 直播已经逐渐应用于演唱会、发布会、体育赛事、热点新闻等场景。但是，由于 VR 直播对网络带宽要求较高，受限于网络带宽成本因素，VR 直播暂时还没有被广泛应用到直播营销领域中。

而 5G（5th generation mobile networks，第五代移动通信技术）、千兆宽带网络及云计算的快速发展，为 VR 直播在直播营销领域的落地提供了可行性。

从直播营销的角度看，融入了 VR 技术的直播营销，能为用户提供更好的场景化体验。例如，将 VR 直播应用于在线教育直播，可以让学习者更加真实地感受课堂气氛，更好地融入教学课堂氛围中；将 VR 直播应用于农产品的电商直播，可以带领用户"穿越"到原产地，"近距离"感受农产品的种植环境；将 VR 直播应用于服饰品类的电商直播，可以实现 360° 的商品全景展示，让用户真正实现在家"逛街"。

3. 泡沫逐渐破裂，竞争回归商业本质

2020 年，资本对直播营销领域的投资不断加码，让直播营销进入了快速爆发期，直播"带货"成为电商、短视频、直播平台的基本配置。不管是抖音、快手、视频号等短视频平台，还是淘宝、京东、拼多多等电商平台，或者是斗鱼、虎牙等垂直直播平台，以及百度、今日头条等内容资讯平台，都在布局直播"带货"的赛道。

一方面，有资本布局的直播营销行业，通常使用的获客利器依然是低价和补贴。但也由于高频率的低价和资本补贴，致使各种促销活动不断，低价对用户的吸引力已经大不如前。

另一方面，主播在直播营销活动中担任了好物推荐官的角色。观看优秀主播的直播，用户会逐渐卸下心理防备，进而了解和购买商品。然而，假货频现、主播人设倒塌，自然也导致用户对主播的信任度一再降低。

以上两个因素，致使用户通过直播购物的热情有所降低，供应商也不再轻易就能拿到可观的利润，直播营销领域被资本堆积起来的泡沫，也在一点一点地破裂。

泡沫破灭，直播营销将回归商业本质。用户进入直播间购物也会更加理性，会更关注自己的需求、商品的质量、主播和推荐商品的契合度等方面的因素；而直播从业者之间的竞争，也将回归到专业度、团队信誉、个人品牌及商品质量、商品口碑等核心要素的竞争。

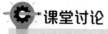 课堂讨论

从用户的角度，说一说，你对直播营销的未来有什么期望。

思考与练习

1．直播行业是如何与营销行业融合的?

2．直播营销中的"人""货""场"分别指什么?

3．直播营销的主要形式有哪些?

4．在直播营销的产业链中,上游、中游和下游分别是什么?

5．当前的直播营销中,供应商和主播的合作方式有哪些? 各有什么特点?

6．直播营销在未来的发展趋势是什么?

第2章
直播营销的平台选择

【知识目标】
（1）了解直播平台的分类和特征。
（2）了解各直播平台的用户画像。
（3）了解各直播平台的直播营销优势。

2.1 短视频平台式

　　主流的短视频平台，如抖音、快手，都已经具备并完善了直播功能。优质的短视频内容能为直播带来精准流量，有利于直播营销的顺利进行。

>>> 2.1.1 抖音直播

　　平台名称：抖音。

　　用户画像：男性用户和女性用户比例均衡，用户年龄主要集中在24～40岁，主要分布在三线及以上城市，用户活跃时间主要为8:00—22:00；不同年龄段用户的内容偏好有所区别，但主要集中在游戏、数码产品、穿搭、母婴和美食领域。

　　营销优势：流量大、能够进行精准投放、投入成本低

　　抖音是一款音乐创意类短视频社交软件，以音乐创意表演内容打开市场，获得了大量的用户。抖音先通过短视频业务获取巨大的流量，后在2017年年底才正式上线直播功能。基于庞大的用户基础，抖音在直播营销行业占据着头部平台的位置。

　　目前，抖音直播的打开方式主要有三种：一是直接进入页面左上方的直播频

道，如图 2-1 所示；二是通过推荐出现在用户的页面，如图 2-2 所示；三是用户关注账号后，在关注页面可以看到该账号的直播信息，如图 2-3 所示。

图 2-1　直播频道方式　　　图 2-2　推荐方式　　　图 2-3　关注方式

图 2-2 所示的是推荐方式，推荐机制是抖音平台根据用户的喜好推送相应的主题内容。这意味着，如果直播主题符合用户的喜好倾向，就可能会被推荐给抖音用户。

图 2-3 所示的是关注方式，即"粉丝关注式"，抖音账号运营者通过优质的短视频内容吸引抖音用户关注成为粉丝，而后开通直播，直播信息就会被直接推送给粉丝。

而用户通过图 2-1 的方式进入直播频道后，最先呈现在用户面前的，也主要是"推荐"和"关注"的直播内容。

运营者要想挖掘抖音直播营销的价值，就需要借助抖音用户画像进行分析。

1．抖音直播用户的潜在规模

2020 年 3 月，巨量算数①发布 2020 年抖音用户画像报告。报告显示，抖音的日活跃用户数量超 4 亿，这个数据可以被看作是抖音直播的潜在用户规模。

2．抖音直播用户属性

2020 年 4 月，抖音联合巨量引擎②发布的《2020 抖音直播数据图谱》(以下简称《图谱》) 显示，抖音直播用户的属性如下。

---

① 巨量算数，是巨量引擎旗下的数据报告部门。
② 巨量引擎，是字节跳动公司旗下综合的数字化营销服务平台。

- 在城市分布上，抖音直播用户主要集中在三线及以上城市，其中三四线城市的用户人数最多。

- 在年龄与性别结构上，抖音直播的用户群体年龄主要在 24～40 岁，主要为 "80 后"和"90 后"用户。在性别结构上，男性用户比例高于女性用户比例。

- 从抖音直播用户活跃时间分布上来看，8:00—22:00 用户活跃度更高，晚高峰为 20:00。周末一般 9:00—17:00 用户更活跃，工作日一般 19:00—23:00 用户更活跃。

3. 抖音用户兴趣偏好

在抖音做直播运营，运营者需要借助优质的短视频内容吸引用户关注，因而也需要了解抖音用户的兴趣偏好。

根据《图谱》的内容分析，不同性别、不同年龄段的用户，其兴趣偏好有所不同，具体如下。

- 男性用户对游戏、汽车等内容偏好度较高，女性用户对美妆、母婴、穿搭等内容偏好度较高。

- "00 后"用户对游戏、电子商品、时尚穿搭类直播内容偏好度较高；"90 后"用户对影视、母婴、美食类直播内容偏好度较高；"80 后"用户对汽车、母婴、美食类直播内容偏好度较高。

4. 抖音直播平台的营销优势

综上所述，抖音直播平台具有以下 3 个营销优势。

（1）潜在用户多

抖音凭借内容分发机制优势和优质的短视频内容，成为短视频用户最常用的软件之一，在各个年龄段、性别及地区都拥有大量的忠实用户群体，用户使用时长也在不断增加。这意味着，在抖音平台进行直播营销，将获得更多的潜在流量。

（2）能够精准投放

抖音直播平台能够利用用户画像分析用户的兴趣爱好，进行有针对性的推送，减少对不相关用户的干扰，找到精准用户。

（3）直播运营计费灵活，店铺投入成本低

抖音平台上的直播运营计费方式灵活。在抖音平台上进行直播营销，只需开通橱窗，就可以在直播间添加购物车，不需要在开设店铺上投入大额资金。

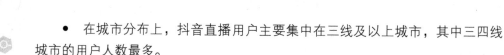

课堂讨论

你和你的朋友喜欢在抖音直播间购买商品吗？一般会选择购买什么品类？

▶▶▶ 2.1.2 快手直播

平台名称：快手。

用户画像：30岁以下用户占比超过70%；用户主要集中在二线及二线以下城市；目前日活用户约为1.7亿；用户偏爱生活类短视频内容及"商品售卖与推荐"类直播内容。

营销优势：拥有大量的活跃用户、成熟的电商平台配置、直播营销规模不断扩大、用户消费水平不断升级。

和抖音一样，快手也是通过短视频业务打开市场，在积累了大量的用户基础后，在2016年开通了直播功能，随后积极探索新的盈利模式，在探索直播和电商的道路上走在了行业的前列。快手与抖音虽然是竞品，但用户群体略有不同，这也让快手直播的营销价值与抖音直播的营销价值有所差异。

目前的快手直播，用户可以通过直播广场进入，如图2-4所示；如果用户有关注的账号在直播，在其关注页面，也会显示"直播中"，如图2-5所示。

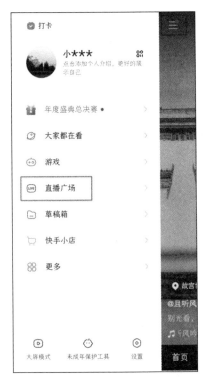

图2-4　快手"直播广场"

图2-5　快手"关注"页的直播内容推送

可见，在快手平台，直播内容能否被推送，一个关键因素在于直播账号是否得到了用户的关注。

1. 快手直播用户规模

快手大数据研究院发布的《致披荆斩棘的你——2020快手内容生态半年报》（以下简称《半年报》）显示，自2019年7月至2020年6月，快手直播的用户为3亿，快手直播日活跃用户数量为1.7亿。

2. 快手直播用户属性

从快手直播用户城市分布上看，一线城市用户占比为15%，二线城市用户占比为30%，三线城市用户占比为24%，四线城市及以下用户占比为31%。也就是说，快手在下沉市场中拥有更多的用户群体。

从快手直播用户的年龄与性别结构上看，30岁以下的用户占比超70%。

3. 快手直播用户偏好

在快手的短视频用户中，用户喜欢拍摄运动、美食等方面的内容，喜欢观看旅游、技能、二次元和舞蹈等方面的短视频内容。

在快手的直播用户中，女主播偏好商品售卖及推荐、日常生活展示、闲聊互动、才艺技能展示等方面的内容；男主播偏好商品售卖及推荐、闲聊互动、科普教学、游戏直播等方面的内容。

4. 快手直播平台的营销优势

综上所述，快手直播平台具有以下4个营销优势。

（1）拥有大量的活跃用户

2019年12月，快手公布其直播日活跃用户超1亿，在《半年报》中，该项数据已达1.7亿，在半年的时间里上涨了7000万人次。由此可见，快手有着大量的活跃用户，并且还在不断增长。

大量的活跃用户意味着庞大的潜在市场。2020年第一季度，快手推出"百城县长·直播助农"活动，帮助农户将农产品推广销售出去。2020年3月到8月，快手已举办近200场直播，累计"带货"销售额超3亿元。

（2）电商平台配置成熟

早在2018年6月，快手联合淘宝和有赞，推出了快手小店与电商服务市场，商家凭借身份证明即可申请"快手小店"的开店资格，商家与个人可以将淘宝或有赞店铺中的商品直接放入快手小店中，通过直播或短视频内容引导观看直播的用户购买。

2019年3月，快手前后发布了《快手小店商品推广管理规则》《快手小店经营违规管理规则》《快手小店售后服务管理规则》《快手小店发货管理规则》四项店铺运营规则，进一步规范了快手平台的电商市场秩序。

（3）直播营销规模不断扩大

2020 年上半年，快手新入驻商家较多的类别分别为服饰、本地服务、家居、汽车、美妆。而在新入驻的商家中，开通直播的商家占比较高的类别分别是汽车、数码产品、家居、美妆和教育。可见，对线下体验和客流依赖较大的汽车和家居类商家，也比较认可快手直播的营销能力。

（4）用户消费水平不断升级

在快手平台，越来越丰富的品牌，越来越高的客单价，体现着快手用户的消费水平在不断升级。在美妆品类上，消费 200 元以上的用户占比持续上升，在 2020 年 4 月举办的快手国际美妆品牌狂欢节活动中，观看直播的人数超 1000 万，单场销售总额超过 5 亿元。

课堂讨论

你和你的朋友喜欢在快手直播间购买商品吗？一般会选择购买什么品类？

2.2 电商平台式

相对于短视频平台的直播营销，运营者在电商平台开展直播营销，可以促使交易在电商平台内完成，流量转化率相对较高，流失率相对较低；同时，由于电商平台用户的购物目的更加明确，也更容易在直播间形成交易转化，因此，虽然短视频平台和电商平台都开启了电商直播功能，但是，用户常用的直播购物平台依然是淘宝、京东、拼多多三大主流电商平台旗下的直播平台。

▶▶▶ 2.2.1 淘宝直播

平台名称： 点淘。

用户画像： 男性用户和女性用户的比例约为 4∶6；主要以"80 后"和"90 后"群体为主；用户整体偏好女装、美妆、母婴、食品类直播内容。

营销优势： 用户精准、进直播间的用户本身就有消费意愿和消费需求。

淘宝直播是阿里巴巴基于自身的电商资源推出的直播平台，定位于"消费类直播"，直播商品涵盖范畴广且用户购买方便。淘宝直播平台于 2016 年 3 月份试运营，初期只是手机淘宝的板块之一，依附于淘宝平台得到了大量的商家、供应链资源和强大的用户群体。2019 年春节期间，淘宝直播正式上线独立 App，2021 年 1 月升级后更名为"点淘"（为方便描述，本书中依然多称其为"淘宝直播"）。

不同于抖音和快手，目前的淘宝直播，主要以直播为主。在"直播"页面，平台依据淘宝用户的购物偏好和关注偏好推荐了相似账号正在直播的内容，如图2-6所示。"关注"页面则显示淘宝用户主动关注的账号正在直播的内容和已经直播完成的内容，如图2-7所示。

图 2-6 淘宝直播的"直播"页面

图 2-7 淘宝直播的"关注"页面

可见，在淘宝直播中，直播内容能否被用户优先看到，关键在于用户是否主动关注了账号。

1. 淘宝直播用户规模

2020年3月，淘榜单联合淘宝直播发布的《2020淘宝直播新经济报告》（以下简称《经济报告》）显示，2019年，淘宝直播已积累4亿用户，全年GMV[①]突破2000亿元，其中"双十一"当天直播GMV突破200亿元，177位主播年度GMV突破1亿元。淘宝直播带动的成交额已连续三年增速超150%。

截至2019年年末，淘宝直播每天的内容时长超35万小时，直播间覆盖了全

---

① GMV，全称为 Gross Merchandise Volume，主要是指网站的成交金额，而这里的成交金额包括付款金额和未付款金额。

球 73 个国家的工厂、田间、档口、街头、市场。

2. 淘宝直播用户属性

《经济报告》显示，淘宝直播的用户群体中，女性用户的占比更大，但男性用户的占比也在上升，截至 2019 年，淘宝直播的男性用户比例已接近 40%。

从城市分布上看，淘宝直播的用户群体主要集中在一线城市，如北京、广州、深圳、上海等。

从年龄分布上看，淘宝直播的用户群体主要集中在"80 后""90 后"，其次是"70 后"，"00 后"的占比也在逐渐上升。

从用户活跃时间来看，用户观看淘宝直播的时间集中在 18:00 之后，在 21:00—22:00 达到高峰。

3. 淘宝直播用户兴趣偏好

《经济报告》显示，女装、美妆、母婴及食品类已然成为淘宝直播用户较为青睐的商品。其中，从用户年龄来看，"70 后"用户更偏好家纺家居家电类直播，"90 后"用户偏好美妆类直播，"00 后"用户偏好数码产品及运动户外类直播；从用户性别来看，女性用户偏好美妆、女装、箱包配饰、本地生活类直播；男性用户偏好汽车、运动户外、家纺家居、食品类直播；从用户城市分布来看，一线和二线城市的用户更偏爱美妆、本地生活类直播，五线和六线城市更偏爱女装、汽车类直播。

4. 淘宝直播平台的营销优势

淘宝直播是淘宝和天猫商家售卖商品的辅助工具，其目的是为平台引流，从而提升商家的商品销量。相对于其他直播平台来说，淘宝直播具有以下优势。

（1）品类多，保障强

依托淘宝平台强大的商品供应能力、用户数据分析能力、支付保障和售后保障体系，淘宝直播可以提供完整的用户运营链路及更有保障的物流服务。

（2）专业互动

淘宝直播的主播，发挥的功能和线下商场中的导购类似。对于自身销售的商品，主播在各自的领域都具有一定的专业水准，他们通过淘宝直播，以专业的方式解答用户的各类疑问，可以更有效地提升用户到店铺消费的转化率。

（3）形态多样

在淘宝直播平台，除了常规"卖货"直播产生的 UGC[①]，淘宝直播官方也联合各行各业及电视台等，产出众多 PGC[②]节目，以满足用户对直播内容的多样化需求，

---

① UGC，全称为 User Generated Content，意为"用户生成内容"，即用户原创内容。
② PGC，全称为 Professionally Generated Content，意为"专业生成内容"。

增加用户对直播平台的黏性。

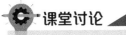

你和你的朋友喜欢在淘宝直播间购买商品吗？一般会选择购买什么品类？

▶▶▶ 2.2.2 京东直播

平台名称：京东。

用户画像：男性用户和女性用户比例为 6 : 4；50%的用户年龄在 26～35 岁；二线以上城市用户占比较高；用户的偏好集中在食品饮料、母婴、手机通信、家用电器、服饰内衣、电脑办公等品类。

营销优势：去中心化、用户对品牌消费更为热衷。

与淘宝直播、快手直播一样，京东直播也起步于 2016 年，但发展却较为缓慢。以 2019 年为例，淘宝直播的成交总额已经突破 2000 亿元，累积用户达 4 亿；而京东 2019 年发布的财报显示，京东平台的成交总额虽然已经超过 2 万亿元，但通过直播实现的成交额占比极低。此前，京东平台可能对京东直播不够重视，而如今，京东平台为直播业务提供了大量的资源扶持。

目前的京东直播频道入口，在京东首页占据着非常明显的位置，如图 2-8 和图 2-9 所示。

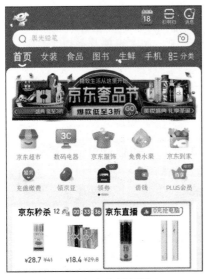

图 2-8　京东直播频道入口

图 2-9　京东直播频道

从图 2-8 和图 2-9 可以看出，在京东首页的"京东直播"模块，显示的是用户最近浏览过的商品；而进入京东直播频道，在"主播力荐"模块，出现的也是用户最近浏览过的商品。可见，在京东平台，如果直播内容与用户想要购买或经常购买的商品有关，直播内容会更容易被推荐给用户。

1. 京东直播用户规模

京东发布的 2019 年的全年财报显示，京东在 2019 年的年度活跃购买用户数为 3.62 亿；而京东发布的《2020 年京东集团第二季度及半年度业绩报告》显示，截止到 2020 年 6 月 30 日，京东过去 12 个月的活跃购买用户数达到 4.17 亿。京东平台用户规模的持续增长，意味着京东直播的用户规模也将继续增长。

2. 京东直播用户属性

2020 年 4 月，京东发布了《京东直播白皮书》（以下简称《白皮书》），对目前京东直播的各项数据进行了解读，为京东商家后期开展直播业务指明了方向。

《白皮书》显示，京东直播用户在性别构成上，男女用户的比例为 6：4；在年龄分布上，约 50%的直播用户年龄在 26～35 岁；在城市分布上，一二线城市的用户占比最高，为 42%。

3. 京东直播用户的兴趣偏好

《白皮书》显示，京东直播的用户群体主要为一线城市的用户，用户的浏览偏好集中在食品饮料、母婴、手机通信、家用电器、服饰、电脑办公等方面的商品。

4. 京东直播的营销优势

借助京东平台，京东直播具有以下营销优势。

（1）平台扶持

京东直播的近期目标是，推动直播成为商家和大促活动的标配，使直播成为商家和平台的重要营销工具和渠道。为此，京东直播得到了京东平台的大力扶持。

一方面是资源扶持，京东几乎是把全域资源都向直播进行了倾斜和投入。为了鼓励商家开播，京东开放了全域资源，从各个场景为平台商家引流。京东开放的直播引流入口，不仅包括京东平台首页搜索、推荐、商品详情页等站内资源，也包括站外内容等合作伙伴的资源，还包括电梯间广告等京东线下资源。

另一方面是活动扶持，为了鼓励商家开播、用户观看直播，京东先后开展"百亿补贴走进直播间""超级排位赛""看直播，瓜分 1 亿京豆"等活动；同时，为吸引更多直播机构、主播"达人"入驻京东直播，京东先后举办"红人孵化计划""红人 V 计划"等主播激励活动。

（2）品质化

不同于其他直播平台，京东在发展直播业务时非常重视直播的品质，希望和商家一起把直播做成有效的品牌营销策略，而不仅仅是"带货"工具。为此，京东直播从场景和内容两个方面来推动直播品质化发展。

首先，在场景方面，京东引导商家、机构、"达人"通过直播打造可视化的供应链，如从农场到餐桌，从车间到店铺，以及物流过程等，——直播展示给用户，让真实且多元化的场景为商品进行背书。

其次，在内容方面，京东引导商家、机构、达人重视 PGC 和泛娱乐营销。具体而言，京东在内容创作方面做到"专业性+大众性+趣味性"三者统一，以实现"品+效+销"三合一；在直播运营方面，京东通过"播前预热+播中引爆+播后发酵"的全链路运营场景，让每一场直播都能效益最大化。

例如，2020 年"618"期间，京东直播首先联合 300 多位明星与用户在直播间进行近距离互动，随机抽取送出清空购物车等直播间福利，撬动明星的引流能力。并先后推出"演唱会"和"草莓音乐节"等音乐形式的活动，用高品质的视听体验为"618"活动积攒大量人气。最终，在活动当天，创下 2 分钟"带货"额突破 1 亿元的年中佳绩。

相对而言，京东直播更注重两个要素：一是直播本身的内容质量，具体包括人货匹配是否恰当，直播流程及互动环节是否衔接合适；二是直播的附加价值，是纯"带货"还是包含了更多的品牌营销元素，以及商家是否策划了与众不同的趣味活动。

这意味着，在京东平台开通直播，商家需要更注重内容策划，靠优质内容传递品牌价值，靠品牌价值吸引用户并沉淀用户，从而将用户真正转化为自己的"私域流量"。

课堂讨论

你和你的朋友喜欢在京东直播间购买商品吗？一般会选择购买什么品类？

▶▶▶ 2.2.3　拼多多直播

平台名称：拼多多。

用户画像：近六成的用户来自三线及以下城市；女性用户占比达 70.5%；25～35 岁年龄段的用户占比超过 57%；用户偏向于低价折扣商品。

营销优势：对用户吸引力高、用户黏性强。

拼多多创立于 2015 年 9 月，瞄准低线城市对价格敏感的用户群体，凭借"社交裂变+低价爆款"的商业模式，在竞争激烈的电商领域迅速抢占了一席之地，并于 2018 年 7 月在美国纳斯达克证券交易所正式挂牌上市。2020 年 1 月 19 日，拼多多直播正式上线。

不同于淘宝直播已然成型的直播生态，拼多多直播刚上线不久，正处于蓬勃发展的关键时期，拼多多平台也对直播提供了诸多资源扶持。

目前，拼多多直播频道入口位于拼多多首页下方的位置，如图 2-10 所示；推荐的直播内容以用户关注和用户购物偏好为主，如图 2-11 所示。

图 2-10　拼多多直播频道入口

图 2-11　拼多多直播频道

1. 拼多多的用户规模

根据拼多多发布的 2020 年第三季度财报，拼多多的年活跃用户数量（在过去12 个月中存在购物行为的用户）已突破 7 亿，已经逼近淘宝的年活跃用户数量。这样的用户规模和增速，体现了拼多多"百亿补贴"的营销策略及商业模式对用户的吸引力，也在一定程度上体现了广大用户对拼多多的黏性在不断增强。

2. 拼多多的用户属性

在拼多多的活跃用户中，男性用户和女性用户比例接近 1∶1。

在年龄分布上，25～35 岁的用户占比最大。这部分用户显著的特征是，正处于职场的上升期与婚姻家庭的组建期，消费需求旺盛，同时，财务积累也相对薄弱，因而更愿意购买低价商品。

但这并不意味着，拼多多用户缺乏购买力。拼多多的用户中，也有较多的中高消费群体，其中中等消费水平群体占比超过50%。

3. 拼多多的用户兴趣偏好

目前，拼多多的核心用户偏好"低价"，对"特低价"很敏感。而对于拼多多正在拓展的用户群体，即大学生与一二线上班族，虽然也在意价格，但也仅仅是在对品质要求不高的商品上选择低价。因此，他们的主要购物渠道并不是拼多多，只是偶尔在拼多多购买一些生活类用品。

4. 拼多多直播的营销优势

拼多多自下沉市场起家，早期用户多数来源于微信生态内体量庞大且未接触过电商领域的群体，在下沉市场中，拥有强大的用户基础。而如今，阿里巴巴和京东也都在挖掘下沉市场。例如，淘宝推出"淘宝特价版"，以获取来自低线城市的新用户；京东先是推出了以低价拼购业务为核心的社交电商平台"京喜"，随后又选择与用户重复度较低的快手签署了战略合作协议，让快手用户无须跳转，即可在快手小店购买京东自营的商品。

因此，在直播营销中，若销售的商品是能抓住下沉市场用户喜欢的低价商品，拼多多直播会是一个很好的选择。

课堂讨论

你和你的朋友喜欢在拼多多直播间购买商品吗？一般会选择购买什么品类？

2.3 私域流量式

目前，基于微信平台的私域流量式直播平台主要有视频号直播和企业微信。相比其他类型的直播平台，这两个平台的"带货"能力还不太明显。但其特别之处在于，背靠12亿日活量的微信平台，可直接触达微信用户，且用户不用下载App，在微信平台点开链接即可观看，进而被直接引流至直播运营者的微信或企业微信，成为运营者的私域流量池用户。

▶▶▶ 2.3.1 视频号直播

平台名称：微信视频号。

营销优势：强大的流量基础，以及涉及抖音、快手等未被覆盖的需求人群。

1. 视频号直播介绍

2020 年 10 月 2 日，微信视频号开通直播功能，流量入口不断增加，以公众号为主的创作者在视频号直播中扛起了直播大旗。例如，单条视频播放量破亿的"萧大业"，连续直播三场，每场直播都有一万人次观看，视频号"小小包麻麻"更是通过一场直播"带货"169 万元。尽管视频号比抖音、快手等直播平台起步晚，但可以预见的是，它很快会成为直播营销的新"战场"。

目前的视频号直播，不管是观看直播的用户还是开展直播的主播，都不需要下载 App，只要从微信的"发现页"进入视频号，即可观看或开展直播。

用户可以在视频号的"朋友♡"页看到朋友看过的直播信息，如图 2-12 所示；或者在朋友圈看到微信朋友分享的直播信息，如果感兴趣，直接点击即可进入直播间，如图 2-13 所示。

图 2-12　视频号"朋友♡"页的直播信息

图 2-13　微信朋友圈的直播信息

主播开展直播，只需通过视频号右上角的个人主页入口进入个人主页，在"我的视频号"板块点击"发起直播"，即可直接发起直播或设置直播预告，如图 2-14所示。

图 2-14　视频号的"发起直播"入口

2. 视频号直播的营销优势

目前的视频号直播，具有以下 6 个方面的营销优势。

第一，用户规模更大。视频号拥有近乎微信全量的用户基数，包含抖音、快手、淘宝、京东等平台还未覆盖的人群，而公众号积累的老用户也为视频号直播提供了新的机会和市场。

第二，可快速导流。完整的微信生态可以缩短视频号直播的运营环节，主播通过公众号、小程序、企业号、微信号直接为直播间导流，可以有效减少用户的流失。

第三，更高效的流量运营。淘宝、抖音等平台更偏向于公域流量，而视频号却覆盖了公域和私域两大流量池。主播通过视频号直播，可实现"私域流量带动公域流量，公域流量转为私域流量"的流量运营闭环。这对于主播而言是一个新的发展机遇。

第四，更适合进行品牌营销。视频号强大的流量基础和精准优质的客户，为品牌商提供了新的广告阵地，让品牌营销起到快速变现的效果。

第五，更多的资源扶持。视频号开通直播功能后，其功能一直在优化。如今的视频号直播功能相对于之前的版本，增加了朋友圈分享、预约后的视频号开播提醒、朋友看过的直播、"直播和附近"（相当于"直播广场"和"同城直播"）等多个流量入口，主播可以通过朋友圈分享、精准通知视频号粉丝等方式为直播间引入流量。

第六，更简化的购物流程。视频号打通了微信小商店，主播可以在直播中展示小商店的商品，用户可以将感兴趣的商品加入购物车。用户的购物车直接连接已在微信保存的地址，可省去输入地址的步骤，简化了直播购物流程。

当前，视频号仅支持对接微信原生的小商店（即微信小商店），暂不支持其他第三方。这意味着，虽然视频号直播有很大的营销潜力，但还没有开设微信小商店的主播，暂时还无法进行视频号直播"带货"。

 课堂讨论

你和你的朋友在微信视频号看过直播吗？是通过什么方式进入直播间的？

》》》2.3.2 企业微信直播

平台名称：企业微信。

营销优势：基于微信平台、去中心化、可沉淀私域流量。

1. 企业微信直播介绍

企业微信是腾讯的微信团队专为企业打造的高效办公平台，内置直播功能。企业通过企业微信可以直接将直播链接转发到微信，微信用户可以直接打开链接观看直播。因此，企业微信直播可以用于内部培训、全员大会、在线教育、商品销售等场景。

企业微信直播有两个入口：社群群聊开启直播和工作台开启直播。由于企业微信是可以根据企业的需求进行个性化定制的，因此，不同企业的企业微信，其直播页面显示的直播形式是有差异的。在此，以某公司的企业微信为例，介绍这两种开启直播的路径。

（1）社群群聊开启直播

企业通过社群群聊开启直播,即在企业微信 App 内进入目标用户所在的社群，点击页面底部聊天栏的"⊕"按钮，即可找到"直播"图标，如图 2-15 所示，点击"直播"图标后，即出现"立即直播"和"预约直播"选项，选择其一后，点击就可以直接进行直播或预约直播。

（2）工作台开启直播

企业通过工作台开启直播，即从企业微信页面底部的"工作台"（见图 2-16）进入"工作台"页面，在"效率工具"中选择"直播"（见图 2-17），即可进入

"直播"发起页面，如图 2-18 所示。在此页面选择"预约直播"或"立即直播"，即可填写相关信息进行预约，或者直接开始直播。

图 2-15　企业微信群内的直播入口

图 2-16　企业微信的　　　图 2-17　"工作台"页面的　　图 2-18　"直播"发起页面
　　　"工作台"入口　　　　　"直播"入口

目前的企业微信直播，可以满足很多行业以下 3 种直播需求。

（1）企业内外部培训

企业在"预约直播"或"立即直播"时，在"该直播用于"选项中选择"企业培训"（见图 2-19），企业即可进行内部员工线上培训和外部合作伙伴远程培训等直播活动。

（2）学校或培训机构的线上课程

在"预约直播"或"立即直播"时，学校或培训机构在"该直播用于"选项中选择"上课直播"，进而根据班级规模选择"大班课"或"小班课"（见图 2-20），为学生提供线上远程教学的需求，帮助老师和学生在家完成"教"和"学"。

图 2-19　选择"企业培训"

图 2-20　选择"大班课"或"小班课"

（3）主播或品牌商家的直播"带货"

在"预约直播"或"立即直播"时，主播或品牌商家可以选择"用于：推广产品"（见图 2-21），在弹出的页面中按照实际情况选择"添加小程序商城中的产品"或"添加产品收款单"（见图 2-22）选项，从而让直播间拥有"带货"变现功能或其他方式的变现功能。

在此需要说明，截至 2021 年 1 月，企业微信平台的直播"带货"功能暂时还没有全部开放，只有收到直播功能增强通知的企业才可以使用直播"带货"功能。不过，企业微信升级迭代的速度很快，在 2020 年一年内，企业微信迭代了 1128 项功能，现在依然在继续迭代中。或许不久，企业微信直播间的直播"带货"功能就会完全对用户开放。

图 2-21　用于"推广产品"　　图 2-22　在直播间添加产品或添加产品收款单

2. 企业微信直播的营销优势

相对于其他直播平台的直播而言，企业微信直播具有以下两方面的营销优势。

（1）主播可以与直播间用户连麦互动

在企业微信平台开启直播，主播可以跟用户连麦互动。只要在开启直播时，勾选"开始直播"下方的"允许观众视频发言"（见图 2-23），就能在本场直播中和直播间的用户进行连麦。主播可以主动邀请用户连麦，用户也可以"申请连麦"。

图 2-23　选择"允许观众视频发言"

（2）主播可以采用多种分享方式为直播间引流

目前的企业微信，已经全面连接微信。主播在企业微信中发起直播，在开播后可以将直播链接分享到目标用户所在的企业微信群（如"客户群"），也可以直接发送到目标用户的"微信"或目标用户所在的"微信群"。不管是哪种分享方式，接收到信息的用户都可以通过链接在微信端直接观看直播，而不需要安装企业微信 App。

具体操作方法是：在开播后，点击直播页面下方的"邀请成员观看"或"分享"来为直播间引流。

其中，"邀请成员观看"页面中包括 3 个选项，分别是从群聊中选择、我的客户和企业通讯录，如图 2-24 所示。

而通过"分享"，主播可以一键"转发到聊天"或"分享到微信"（见图 2-25），从而将自动生成的直播小程序链接发送至有目标用户的企业微信群（见图 2-26）或分享给指定的微信用户（见图 2-27）；主播还可以在分享时选择"直播二维码"（见图 2-25），将生成的二维码（见图 2-28），下载保存到相册后制成宣传物料发送至微信朋友圈或嵌入微信公众号文章中，以吸引更多目标用户进入直播间观看直播。

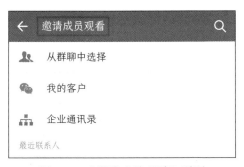

图 2-24 "邀请成员观看"页面

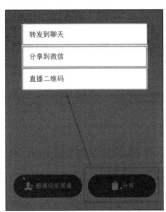

图 2-25 一键分享直播

图 2-26 分享至有目标用户的企业微信群

图 2-27 分享给指定的微信用户

图 2-28　生成"直播二维码"

目前，企业微信平台通过"客户联系"—"客户群（自动回复）"—"客户朋友圈"—"直播"—"小程序"—"企业支付"六个环节，帮助诸多行业的企业实现线上客户服务流程一站化。从这个角度看，对直播团队而言，其利用企业微信开展直播虽然可以"带货"，但企业微信的主要营销价值却不仅仅是"带货"，而是为主播的"粉丝"或品牌的"粉丝"提供一站式的用户关系管理服务。

 课堂讨论

你和你的朋友看过企业微信平台的直播吗？是通过什么方式进入直播间的？

 思考与练习 ●●●

1. 直播平台可以分为哪些类型？各有什么特征？
2. 抖音和快手的主要用户有什么不同？
3. 淘宝、京东和拼多多的主要用户有什么不同？
4. 淘宝直播有哪些营销优势？
5. 视频号直播有哪些营销优势？
6. 目前哪些行业适合在企业微信平台开展直播？

第3章
直播营销的团队构建

【知识目标】
（1）了解不同情况下直播团队的构建方法。
（2）了解直播营销核心岗位的职责。
（3）了解不同直播团队的运营策略。
（4）了解直播团队的管理方法。

3.1　直播团队的构建方法

有影响力的直播营销，往往不是只有一个人在工作。分工明确的团队，是直播持续稳定变现的保障。接下来，根据三种不同的现实需求，介绍三种常见的直播团队的构建方法。

3.1.1　新手主播的直播团队构建方法

刚刚进入直播行业的新人主播，可能并没有足够的物力、财力去组建团队。此时，最简单的方式入驻抖音、快手、视频号等短视频平台，通过定期发布短视频和定期直播的方式正式进入直播行业，当拥有一些经验后，再通过自我营销的方式来提升人气和资本。具体可参考如下方法。

1. 进入直播平台秀出自我

每一个人都可以在直播平台开播，秀出自己的独特优势。

例如，如果主播口才出众，可以尝试"脱口秀"；如果主播眼光犀利，可尝试"热点评论"；如果主播喜欢吃喝玩乐，可以展示自己的吃喝玩乐过程并分享不错的吃喝玩乐地点；如果主播喜欢学习，可以推荐图书、课程或进行阅读分享等。

在当今的互联网时代，人人都有展示自我的舞台。了解自己的优势，选择合适的平台，上传短视频或开通直播，即可入行。

2. 适当制造话题

主播的商业价值在某种程度上可以理解为"粉丝经济"，如影视明星一样。这意味着，主播也需要像明星一样拥有话题热度。

如何为自己营造话题呢？一个容易操作的方法是，主播借助身边的一些热点事件和热门人物，将之与自身特色相结合，在短视频或直播中谈及热点话题，并通过营销手段进行扩散传播，从而引起更多的关注。

在这个过程中，主播发表的言论观点一定要符合主流价值观，谈及观点时要有理有据，不然容易引人非议，得不偿失。

3. 多平台运营

由于只有主播一个人，其知识体系是有限的，直播风格往往也较单一，时间久了，也难免会引起用户的视觉疲劳。此时，主播可以考虑在多平台开播，甚至尝试运营其他类型的自媒体，如微博、微信公众号等。不同的平台有不同的用户群体，借助不同的平台，吸引更多的用户，用更多的连接和互动，增强用户的黏性。

例如，主播可以开通个人微信公众号。在主播的个人微信公众号中，主播可以定期发布一些自己撰写的关于自身生活、直播内容方面的文章，增强现有粉丝的黏性；也可以通过微信公众号内的互动话题了解其他用户的需求，了解用户想看什么内容，不想看什么内容，从而做出更符合用户需求的直播内容。

直播营销并不是一个人的活动，但主播一个人可以先入行积累。这个积累过程可能并不容易，因而更需要"借势"，即借平台之势和借他人之势。等拥有一定的直播经验之后，主播就可以按照业务所需招募人员，组建团队了。

 课堂讨论

说一说你知道的"网红"主播的成长故事。

▶▶▶ 3.1.2 直播营销部门的团队架构

一个企业想要规划自己的直播营销部门，需要设置哪些岗位、配置哪些人员呢？

企业成立直播营销部门，其目的是通过直播来实现企业的品牌营销或商品销售。如果成立直播营销部门的主要目的在于品牌营销，那么，直播营销可以被理解为新媒体营销战略的一部分，可以归属于市场营销部门或新媒体营销部门旗下，企业可能并不需要专门招募人才；而如果成立直播营销部门的目的在于商品销售，企业则需要配置专业的直播营销团队。

专业的直播营销团队，需要根据直播营销的流程搭建团队。

目前，比较科学的直播营销的流程如下。

• 直播前：运营团队需要做好直播账号定位、账号的前期维护及账号粉丝运营；选品团队选择合适的商品及制订促销策略；主播团队尽可能熟悉直播中所要销售的商品，策划及撰写直播脚本，设计直播话术等。

• 直播中：拍摄团队布置直播间、负责直播内容拍摄；主播团队进行现场直播，负责直播间的用户关注引导、促销活动引导、介绍商品、展示商品、直播间气氛营造、解答用户疑问等内容。

• 直播后：拍摄团队负责保管拍摄设备；运营团队负责统计直播销售数据并开展数据分析；选品团队对接直播商品售后服务等。

基于以上的直播营销流程，直播营销部门的团队架构如图 3-1 所示。

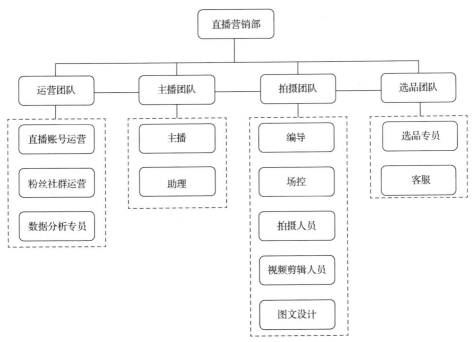

图 3-1　直播营销部门的团队架构

直播营销部门只是企业内一个主要处理直播营销业务的部门，该部门和其他部门之间，可以通过合作来实现人员的优化配置。在预算有限的情况下，直播营销部门在搭建的前期，除了主播团队之外，其他的拍摄团队、运营团队及选品团队，可以先借用新媒体部门、电商部门的相关人员。等熟悉了直播营销的商业模式，获得稳定的成长之后，直播营销部门再按需招募更多专业人员。

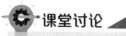课堂讨论

观看一场某品牌的"带货"直播，观察在一场"带货"直播过程中，出现在直播间的有哪些人，每个人的作用是什么？

>>> 3.1.3　直播营销公司的组织架构

从直播营销的行业来看，主播在拥有一定的知名度和直播经验后，可能联合投资人开办一家专注于直播营销的公司。

直播营销公司与直播营销部门的运营目标不同。企业的直播营销部门，主要价值是帮助企业销售商品，直播时商品的销售量越高越好。而一个独立的直播营销公司，其价值在于获得品牌合作商的认可，从而吸引更多的品牌商与其开展合作。而要想获得品牌商的认可，直播营销公司不仅需要关注直播时商品的销售量，还需要关注通过一场直播营销活动能否提升品牌商的品牌影响力。

这意味着，一个专注于直播营销的公司，不仅需要专业的主播人才和拍摄人才，还需要更多策划人才、运营人才及商务人才。

通常情况下，直播营销公司需要设置以下职能部门。

● 选品部：包括招商专员和选品专员，负责商务合作谈判及选品，并制订合适的价格策略。选品专员选品时，需要注意商品的质量、定位、优势等。

● 直播部：包括主播、助理、编导及摄像。直播营销公司与品牌商的直播营销部门不同，因为需要不断通过直播为公司带来收入，所以需要配置不止一名主播，还需要为主播配置助理。而编导则需要根据主播的风格和用户属性，策划直播脚本、话术脚本等，还需要组织搭建直播间、组织拍摄和录制，负责现场的调度与控制；摄像需要监控直播全过程，保证直播质量，还需要协调与沟通直播过程中的各个环节。

● 运营部：负责网店运营、活动运营、直播运营、用户运营及关联的新媒体运营。

● 设计部：负责公司的图文设计和视频剪辑工作。

● 客服部：负责直播间的售中咨询、售后服务及物流对接工作。

直播营销公司的组织架构如图3-2所示。

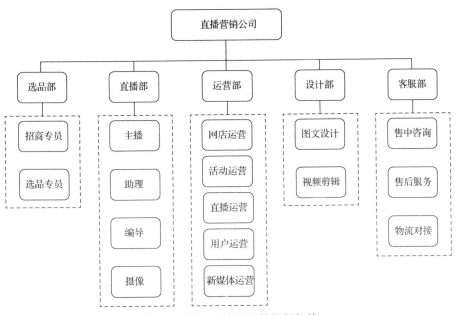

图 3-2　直播营销公司的组织架构

 课堂讨论

　　观看一场知名主播的"带货"直播，观察其过程中，出现在直播间的有哪些人，每个人的作用是什么？

3.2　直播团队的配置方案与运营策略

　　搭建直播团队，需要多少人？新成立的直播团队为了节约运营成本，很多岗位人员都可以身兼数职。而有一定财力基础的团队则可以配置专人专职的团队。

　　按照直播间资源投入状况及营销目标，可以把直播团队配置分为低配版、基础版、进阶版、高阶版和旗舰版五个级别，如表 3-1 所示。而不同的团队配置，有不同的运营策略。

表 3-1　直播团队人员配置方案一览表

配置方案	主播	运营	编导	助理	选品	客服	场控	其他
低配版 2 人	1 人	1 人	——	——	——	——	——	——
基础版 4 人	1 人	1 人	1 人	1 人	——	——	——	——
进阶版 6 人	2 人	1 人	1 人	1 人	1 人	——	——	——

配置方案	主播	运营	编导	助理	选品	客服	场控	其他
高阶版 8 人	2 人	1 人	1 人	1 人	1 人	1 人	1 人	——
旗舰版 11 人及以上	2 人	2 人	1 人	2 人	2 人	1 人	1 人	按需设置

▶▶▶ 3.2.1　低配版：2 人团队

"低配版"团队是指在组建直播团队时，只保留直播团队的核心人员。

直播新手在直播初期并没有很高的流量要求，也没有明确的变现目标，只需要自编、自导、自演、自播就能够完成直播工作。这时，可按需配置"低配版"的直播团队。

1."低配版"直播团队的职能分工

"低配版"直播团队最少仅需要两个人：1 名主播和 1 名运营。"低配版"直播团队的职能分工如表 3-2 所示。

表 3-2　"低配版"直播团队的职能分工

岗位	职能分工
主播	熟悉商品文案、策划及撰写直播话术、准备自身服装及直播间道具、引导直播间用户关注、介绍直播间促销活动、介绍及展示直播间商品、用户答疑、营造直播间氛围，以及对直播内容进行复盘总结等
运营	选品、定价、制订促销方式、竞品分析、直播平台活动运营、研究直播平台运营规则、策划直播间的促销活动、撰写商品文案、上架及下架商品、调试直播设备、监测直播效果、配合主播表演，以及对直播内容进行复盘总结等

"低配版"的直播团队，由于人数少，每个人都身兼多职。

（1）主播

主播是直播营销的核心人员。一个优秀的主播，需要具备 3 个特点：有镜头感、有综艺感、敬业感。

- 有镜头感：面对镜头，很多人感觉自己是在和机器说话，表情僵硬，浑身不自然。有镜头感的人，在面对着介绍商品时，就像面对面给朋友推荐商品。
- 有综艺感：在直播过程中，能够制造笑点，调节气氛；也能够以幽默的形式化解尴尬、应对各种问题。
- 敬业感：主播并不一定对要推荐的商品非常了解。敬业的主播会在开播前多做功课，尽可能地了解商品。

低配版团队中的主播，不仅要做好直播间的直播工作，还需要自己撰写直播脚本、直播话术，以及准备直播间道具等。因此，主播也需要具备相关方面的技能。

（2）运营

运营人员除了要做好直播平台的运营工作外，还需要参与招商、选品、直播中场控、直播数据分析、直播竞品分析等工作。这意味着，运营人员也应该是能够一人身兼数职的"全能型人才"。

2."低配版"直播团队的运营策略

"低配版"直播团队，往往是刚开始尝试做直播的团队。此时的主播和运营，可能对直播的各个流程还都处于"正在了解"的阶段；主播的粉丝号召力比较低，直播间的"带货"能力也不明显。

对于低配版的直播团队，其可以参考以下起步策略。

（1）先靠优质的短视频内容吸引粉丝。直播团队如果还不太熟悉直播"带货"模式，可以先在抖音、快手或视频号等短视频平台先稳定输出优质的短视频内容，积累粉丝。

（2）尝试定期直播。在输出优质的短视频内容的同时，还需要以定期的、高频率、低时长的模式尝试直播。例如，每天 12:00 或 19:00 开始进行为时 1 小时左右的主题聊天式直播，主播可以先设定一个聊天主题（与短视频定位一致），准备能够畅聊 30～45 分钟的素材，在话题结束后，主播可以尝试从不同角度介绍并展示 1～2 款自己熟悉的商品。此时，直播不必追求"带货"效果，主要是熟悉介绍商品的方法，但需要注意直播间用户的反应，以了解采用什么样的介绍方式能够引起用户的观看和交流兴趣。当然，直播时长虽短，但主播也可以穿插抽奖活动，引导直播间的用户关注账号、点赞直播间。

（3）逐渐增加直播方面的工作量。随着对直播流程和"带货"模式的日益熟悉，主播可以逐渐延长直播时长至 2～4 个小时，不过，由于团队人数少，每场直播时长不宜超过 4 个小时；直播间的商品数量也可以增加至 2～5 件；直播团队的工作重心也可以慢慢从拍摄短视频转移到直播上。

课堂讨论

一些知名的直播主播，早期的团队也是低配版的。从互联网上收集一些资料，和大家分享你知道的"低配版"直播团队的运营故事吧。

▶▶▶ 3.2.2 基础版：4人团队

如果要提升直播间的商业价值，在人数有限的情况下，直播团队最好专注于

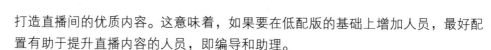

打造直播间的优质内容。这意味着，如果要在低配版的基础上增加人员，最好配置有助于提升直播内容的人员，即编导和助理。

1."基础版"直播团队的职能分工

"基础版"直播团队需配置 1 名主播、1 名编导、1 名助理和 1 名运营。表3-3 所示为"基础版"直播团队的职能分工。

表 3-3 "基础版"直播团队的职能分工

岗位	职能分工
主播	熟悉商品、熟悉直播话术、介绍直播间促销活动、介绍及展示直播间商品、用户答疑、营造直播间氛围，以及对直播内容进行复盘总结
编导	研究竞品、策划主播人设、策划商品介绍节奏、策划及撰写直播话术、直播前沟通和预演、监测直播效果，以及对直播内容进行复盘总结等
助理	上架及下架商品、调试直播设备、引导直播间用户关注、配合主播表演、提醒主播、传递直播间样品等
运营	选品、定价、制订促销方式、直播平台活动运营、研究直播平台运营规则、策划直播间的促销活动、撰写商品文案，以及对直播内容进行复盘总结等

相比"低配版"的直播团队，"基础版"的直播团队增加了 1 名编导和 1 名助理。由于编导和助理的加入，主播和运营的工作内容，相对来说有所减少。其中，编导和助理分别承担了以下工作。

（1）编导

编导的加入，可以让直播工作环节更具专业化和系统化。一般而言，在直播团队中，编导的主要作用如下。

- 策划主播的人设。
- 策划及撰写直播内容大纲、话术脚本。
- 在直播前，组织团队召开会议，与团队成员沟通及预演直播爆点、商品特点、互动环节等直播细节。
- 负责直播过程中的监测工作和协调工作。
- 负责直播过程的复盘与优化。

此外，编导还可以根据直播营销需求，策划和制作各类宣传片和外景片，并负责拍摄脚本的撰写、摄像、后期剪辑、特效包装等工作。

（2）助理

如今，"一名主播+一名助理"已经成了直播间的标配。在流量较大的直播间，主播难以一个人在直播中兼顾商品推荐与用户运营的工作，通常会搭配一个助理。

助理在直播过程中有以下 4 个方面的作用。

- 引出话题：有时候主播无法在直播时直接表达某个观点，这时就需要借由助理进行表达。

- 提醒示意：一场直播可能会持续 2～4 小时，主播想要记住每个商品的特点，难度较大，而助理就可以在主播忘记某个关键的信息时进行巧妙提醒，如事先设定的幽默点、福利环节等。

- 捧哏逗哏：传统的相声分为捧哏和逗哏两个角色，两个人一唱一和，把一件事说得生动、形象，在直播间，主播和助理也可以通过这种方式，活跃氛围，强化重点。

- 互动引导：在直播间，主播和助理分工明确，更有助于做好直播营销。主播主要负责商品本身及优惠的介绍，助理则主要负责活跃气氛，并且兼顾直播间的用户引导工作，如引导关注、引导分享、引导填写信息、引导加入购物车、引导评论互动、引导下单、对"粉丝"送礼表达感谢等。

2. "基础版"直播团队的运营策略

"基础版"直播团队，由于直播团队的人数增多，直播的策划更具专业性，直播团队对直播过程也更容易把控。此时的直播运营，可以进行以下 3 个方面的调整。

（1）调整短视频方面的工作。减少短视频的发布量，将工作重心放在直播"带货"上；同时，在短视频平台，逐渐改为发布精彩、有趣的直播片段型短视频，以吸引短视频平台用户转化为主播或直播间的粉丝。

（2）优化直播内容。在直播内容上，直播团队可以根据直播间的用户画像及目标用户群的画像，逐渐优化直播过程中各个环节的互动内容，包括但不限于直播间的开场设计、抽奖设计、介绍商品的节奏、推荐商品的话术、评论区引导，直播前的宣传引流策划，直播后各个平台的扩散策划和话题策划等。

（3）调整直播时长。由于主播已经拥有一定的直播经验和直播"带货"经验，且直播环节有编导的指导和助理的配合，每场直播的时长可以保持在 4 小时左右，直播间推荐的商品也可以定为 7～10 款，每款商品的介绍时长可以设定为 20～30 分钟。此时的推荐目标，不在于成交多少数量或金额，而在于找到采用什么样的介绍方式能够获得用户和合作方的认可。

课堂讨论

　　观看一场知名主播的"带货"直播，说一说助理是如何配合主播进行直播的。

▶▶▶ 3.2.3　进阶版：6人团队

当直播间拥有一定用户基础之后，直播团队可以根据业务需求、团队人员实际情况等因素，适当增加团队人员的数量和岗位，以便提升直播营销的效果。此时的直播团队，即为"进阶版"直播团队。

1. "进阶版"直播团队的职能分工

"进阶版"直播团队需配置2名主播、1名编导、1名助理、1名运营和1名选品。表3-4所示为"进阶版"直播团队的职能分工。

表3-4　"进阶版"直播团队的职能分工

岗位	职能分工
主播	熟悉商品、熟悉直播话术、介绍直播间促销活动、介绍及展示直播间商品、用户答疑、营造直播间氛围，以及对直播内容进行复盘总结
编导	研究竞品、策划主播人设、策划商品介绍节奏、策划及撰写直播话术、直播前沟通和预演、监测直播效果，以及对直播内容进行复盘总结等
助理	上架及下架商品、调试直播设备、引导直播间用户关注、配合主播表演、提醒主播、传递直播间样品等
运营	直播平台活动运营、研究直播平台运营规则、策划直播间的促销活动、撰写商品文案的，以及对直播内容进行复盘总结等
选品	了解用户需求、招募品牌商和供应商、选择商品、开展价格谈判、维护供货商关系，以及协助处理售后事务等

"进阶版"新增了1名主播，共计2名主播；新增设了选品岗，主要工作包括品牌合作洽谈、直播间商品的选择等与商务合作和商品相关的工作。

选品岗对直播营销来说也非常重要，在直播间，粉丝购买主播推荐的商品，是从"好奇"到"信任"再到"信赖"的过程。而这个过程，需要在选品人员的支持下才能顺利完成。

例如，淘宝头部主播薇娅被粉丝称为"哆啦薇娅"，因为她直播间就像哆啦A梦的百宝箱一样，什么都有。小到零食、日常用品，大到汽车、房子，甚至火箭。而这些丰富的商品品类，都是因为薇娅背后有一个专业的选品团队。选品团队会挑选高性价比的商品进行推荐。这样，薇娅的每次直播都有促销，都有新品，可以让用户持续保持新鲜感。

2. "进阶版"直播团队的运营策略

"进阶版"直播团队的岗位分工比较完善，策划、直播、选品、运营等各个环节的重要工作都有专人负责。此时的直播运营策略，可以参考以下3点。

（1）尝试设定团队工作目标。直播团队的工作目标可以定位为稳定提升直播间的"带货"能力。为此，直播团队需要齐心协力地做好用户需求识别工作和选品工作。

（2）延长直播时长。由于团队配置了两名主播和一名助理，每场直播的时长也可以适当延长至 6 小时左右。直播期间，两名主播也可以轮流直播，减轻每个主播的直播压力。

（3）制订合理的商品推荐时长和商品数量。虽然直播时长已经有所延长，但考虑到此时的直播团队仍然处于成长期，需要用全面、专业的商品介绍来获得用户的信任及更多的商业合作机会，主播每次推荐商品的时间不宜太短，每个商品介绍应该保持在 15 分钟左右。同时，为了增强用户对直播间的黏性，每场直播还应该进行多次的抽奖送福利活动。因此，一场为时 6 个小时的直播，主播一般推荐 20 款商品即可。

 课堂讨论

观看一场知名主播的"带货"直播，看一看，主播在直播过程中展示了哪些商品，商品价格与电商店铺的同类商品价格有什么差别。

▶▶▶ 3.2.4 高阶版：8 人团队

当直播已经运营一段时间，有了一定的用户基础营销效果后，直播团队可以再次细分，再增加团队人员，确保直播工作专业、有序地运行。此时的团队即为"高阶版"直播团队。

1. "高阶版"直播团队的职能分工

"高阶版"直播团队需要配置 2 名主播、1 名编导、1 名助理、1 名运营、1名选品、1 名场控、1 名客服。表 3-5 所示为"高阶版"直播团队的职能分工。

表 3-5 "高阶版"直播团队的职能分工

岗位	职能分工
主播	熟悉商品、熟悉直播话术、介绍直播间促销活动、介绍及展示直播间商品、用户答疑、营造直播间氛围引导，以及对直播内容进行复盘总结
编导	研究竞品、策划主播人设、策划商品介绍节奏、策划及撰写直播话术、直播前沟通和预演、监测直播效果，以及对直播内容进行复盘总结等
助理	引导直播间用户关注、配合主播表演、提醒主播、传递直播间样品等
运营	制订促销方式、直播平台活动运营、研究直播平台运营规则、策划直播间的促销活动、撰写商品文案，以及对直播内容进行复盘总结等
选品	了解用户需求、招募品牌商和供应商、选择商品、开展价格谈判、维护供货商关系，以及协助处理售后事务等

岗位	职能分工
场控	调试直播设备、上架及下架商品、监测直播数据、传递临时信息，以及提醒主播注意事项等
客服	在直播间内回答商品相关咨询、商品的售后服务、商品的物流沟通等

续表

相对于进阶版直播团队来说，高阶版团队新增了场控岗和客服岗。这两个岗位的人员相当于分担了助理的部分工作，直播团队通过更详细的直播分工，确保直播营销的有序进行。

其中，场控的工作职责如下。

● 直播前，进行相关的软硬件的调试；直播中，负责中控台所有相关的后台操作，包括直播推送、发布公告、上架商品等。

● 进行直播数据监测，检测数据包括实时在线人数峰值、商品点击率等，出现异常情况场控人员需要及时反映给运营人员。

● 在直播开始后，场控人员为运营人员传递临时信息给主播或助理。

此外，场控人员需要关注主播在每个环节的讲述时长，必要时，需要提醒主播注意直播节奏，从而让整个直播过程保持预定的节奏。

客服岗的主要工作：开播前，确认商品、样品及道具是否准备好；直播过程中，在直播间回答关于商品的相关咨询；直播后，负责物流沟通、处理用户的售后问题等。

2. "高阶版"直播团队的运营策略

在"高阶版"直播团队中，由于场控人员和客服人员都承担了一部分直播间的协助工作，主播和助理可以专注于直播间的商品介绍和用户互动。这意味着，直播营销过程中两个关键流程"商品介绍"和"用户互动"都得到了一定的保障。

"高阶版"直播团队可以参考以下3个运营策略。

（1）优化直播内容。由于主播和助理已经拥有比较丰富的商品推荐经验，每款商品的推荐时间可以缩减为10分钟左右，一场时长6小时的直播，主播可以推荐30款商品。在一场直播中，主播除了推荐商品之外，还可以设定固定的抽奖时间、秒杀时间、互动时间，通过抽奖送福利、"宠粉"福利秒杀、讲故事或聊天等方式，增强用户对直播间的好感度。

（2）制订业绩目标。此时的直播团队，可以根据过往成绩制订业绩目标。可以先制订月度业绩目标，再规划年度目标，最后再把月度目标分解为每天的业绩目标。当然，为了更好地实现业绩目标，直播团队需要在每场直播结束后迅速复盘，查找不足之处，逐渐优化直播中的话术和互动策略。

（3）进一步优化运营和选品工作。运营人员需要通过维护不同平台的自媒体账号，增强主播和直播间的影响力，同时需要做好直播间引流和粉丝运营工作，增强直播间的人气和用户对直播间的黏性；选品人员需要根据用户的需求选择用户认可的高品质商品，并尽可能地为用户争取更多的优惠，以赢得用户对直播间的信任。

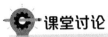

看一场知名主播的"带货"直播，看一看，客服人员在直播时做了哪些工作。

▶▶▶ 3.2.5　旗舰版：11 人及以上的团队

为了追求更好的直播营销效果，直播团队可以将其团队升级为"旗舰版"。"旗舰版"直播团队已经形成明确的组织架构和职能分工。

1."旗舰版"直播团队的职能分工

"旗舰版"直播团队需要配置 2 名主播、1 名编导、2 名助理、2 名运营、2 名选品、1 名场控、1 名客服。表 3-6 所示为"旗舰版"直播营销团队的职能分工。

表 3-6　"旗舰版"直播营销团队的职能分工

岗位	职能分工
主播	熟悉商品、熟悉直播话术、介绍直播间促销活动、介绍及展示直播间商品、用户答疑、营造直播间氛围，以及对直播内容进行复盘总结
编导	研究竞品、策划主播人设、策划商品介绍节奏、策划及撰写直播话术、直播前沟通和预演、监测直播效果，以及对直播内容进行复盘总结等
助理	引导直播间用户关注、配合主播表演、提醒主播、传递直播间样品等
运营	定价、制订促销方式、直播平台活动运营、研究直播平台运营规则、策划直播间的促销活动、撰写商品文案，以及对直播内容进行复盘总结等
选品	了解用户需求、招募品牌商和供应商、选择商品、价格谈判、维护供货商关系，以及协助处理售后事务等
场控	调试直播设备、上架及下架商品、监测直播数据、传递临时信息，以及提醒主播注意事项等
客服	在直播间内回答商品相关咨询、商品的售后服务、商品的物流沟通等

相对于高阶版直播团队来说，旗舰版直播团队没有新增岗位，只是增加了个别岗位的人数：增加了 1 名助理、1 名运营和 1 名选品。如果说前面的团队升级是为了做好"直播内容"，那么，旗舰版团队的升级则是为了做好"营销"。这里

的"营销"，有两层意义：一方面是指直播间的"带货"成绩；另一方面则是直播账号或主播本身的品牌价值。

2."旗舰版"直播团队的运营策略

"旗舰版"直播团队由于运营团队的扩大，直播团队可以充分了解直播平台的运营规则、活动规则、用户推送规则，关联自媒体平台的用户运营策略，以及直播行业的发展趋势、消费趋势、竞品动态等信息，从而通过专业化的运营，有策略地增强直播账号和主播的影响力；由于选品团队的扩大，选品团队可以进一步挖掘用户需求，根据用户需求去选择更多合适的商品；而主播团队由于增加了1名助理，可以实现2套的"1主播+1助理"的直播配置，可以适当增加每周的直播场次，也可以定期增设2名主播和2名助理共同出镜的大规模直播营销活动。

当然，"旗舰版"直播团队并不是最高配置。

在岗位安排上，按照现实的业务需求，直播团队可以继续对某些工作进行人员补充。例如，直播团队可以招募图文设计、文案策划、视频剪辑、数据分析等专业人员，从而进一步优化运营环节的工作。

在人数设置上，直播团队也几乎没有上限。以薇娅团队为例，目前薇娅的团队在全国范围内共有500多人，团队成员除了负责直播间的工作外，主要承担了招商、选品、策划、运营、数据分析等环节的工作。

总之，不管在哪一种情况下，构建直播团队，都要遵循"因事设岗，按岗招人，调适匹配"的原则，这样才容易为团队找到合适的人才。

 课堂讨论

你有关注的"带货"主播吗？了解一下，其直播团队是什么样的配置？

 思考与练习

1. 直播营销的核心岗位有哪些？各个岗位的职责是什么？

2. 请简述新人主播提升人气的方法。

3. 请简述不同直播团队的必备岗位及各个岗位的工作职责。

4. 在拥有足够预算的情况下，如何配置直播团队最有利于开展直播营销活动？

第4章
直播营销的主播打造

4.1 人气主播具备的特点

主播对直播营销的结果起着决定性的作用。人气高的主播自带流量，具备更大的营销潜力。

人气高的主播，往往在价值观、语言风格、专业知识等方面有独特之处，因而更能得到用户的喜爱和支持。

4.1.1 有正向的价值观

主播在某种程度上可以被看作"公众人物"，其一言一行都会被很多人看到。因此无法预料，哪个用户在观看了主播的直播后改变了什么想法或做出了哪些行为。为了避免负面的引导，主播需要有正向的价值观。当在直播平台传播一些内容时，主播要积极宣传正向的价值观。

有些主播为了博取眼球、吸引流量，故意制造一些无聊的话题，谈一些偏激的观点当"噱头"，或者使用不当的言语来展示自己的"个性化"。其实，很多观看直播的用户，并不愿意看到这些内容。即使系统推荐了，这些内容就会被用户标记为"不感兴趣"，或者用户直接向平台方举报主播。

其实，有正向价值观的主播更容易获得支持。一方面，主播对于一些热点事件的点评或个人经历的分享，符合正向价值观的观点，相对于哗众取宠的偏激观点，更容易展示主播的社会责任感，引起用户的好感；另一方面，看到主播拥有正向的价值观，用户会更加相信，主播及其团队是有责任心的，他们会做出优质的直播内容，会推荐真正好的商品。

相对来说，李佳琦的粉丝对李佳琦直播间的黏性，不亚于明星的粉丝对明星的黏性。其中主要原因就在于粉丝相信他的"三观很正"。

例如，在李佳琦直播时，有一位 15 岁的学生进入直播间留言，说自己很喜欢看李佳琦的直播。李佳琦看到留言后的反应是："15 岁，你看我直播干什么？""退出我的直播间""15 岁不要在我直播间里买东西"。因为在他看来，15 岁的孩子，还都没有形成自己的消费观。这个年龄的孩子看直播，可能会做出不恰当的消费行为。

甚至，对于所有自身经济能力不足的粉丝，他都一再传递的消费观是："你有多少钱，就过什么样的生活""不要盲目追求大牌""用平价的东西，不是可怜，也不是丢脸""口红涂在嘴唇上，你还是你自己，你要驾驭这支口红，而不是让口红驾驭你"……

再如，他会严格遵守行业规则。对于直播"带货"不允许销售的商品，他看到粉丝的要求时，也会耐心解释引导大家遵守规则。他会在直播间说："很多朋友们说美瞳，朋友们，美瞳算是械字类商品，淘宝直播不允许卖的，要遵守规定，我们不卖美瞳的。"

粉丝们因为看到李佳琦"三观很正"，相信他不会为了销售成绩而说违心的话、做违心的事，继而更觉得他"值得信赖"。

直播营销是需要建立在信任基础上，正向价值观及符合正向价值观的言行，更容易获得用户的信任和长期支持。

 课堂讨论

想一想，你喜欢的主播或知名的主播，其价值观是什么样的。

▶▶▶ 4.1.2 语言幽默风趣

幽默风趣的语言，有助于提升主播的个人魅力，也有助于调节直播间的气氛。在幽默风趣的氛围中，即使是毫不相识的用户，也愿意交流彼此的看法。

知乎上有一个话题："你印象最深的明星直播是哪一场？"有网友回复："撒贝宁那一场，因为看他的直播简直是一种享受"。

与普通的主播相比,撒贝宁在直播时,总是会用出人意料的幽默话语调侃一番,且能做到收放自如、用词得体、尺度得当,既能让大家开怀大笑,又不会冒犯到别人。

主播要想在直播间熟练使用幽默风趣的语言,可以从以下3个方面进行训练。

(1)巧妙的语气

主播需要理解每一段幽默的内容,知道引人发笑的地方在何处、什么时候停顿留伏笔、什么时候加快语速,主播通过在关键之处的语气安排,让内容呈现出幽默风趣的效果。

(2)丰富的素材

平时,主播需要注意从网络和生活收集丰富的场景素材,通过高低起伏的情节设置,将其设计成属于自己的幽默段子,并以适合自己的风格讲述出来。

(3)模仿学习

不苟言笑的主播也可以通过模仿脱口秀节目或娱乐节目中主持人的说话方式来提升自己的幽默感。这样的模仿学习过程包括以下3个步骤:首先,选择一段风趣幽默的节目场景,先记住主持人使用的全部语言素材;其次,反复观看节目场景,揣摩并理解主持人的话语及搭配的动作表情;最后,开始模仿,将这个场景表演给家人或朋友,看对方的反应,听取对方的意见;或者录制自己的表演视频,将其与原节目对比,找出不足之处,并进行有针对性的改善。

课堂讨论

想一想,你关注的主播,在什么情况下会说出幽默的话语。

▶▶▶ 4.1.3 讲解专业且贴合现实

直播间的用户,并不完全会进行冲动消费,并不会完全听信主播的话语。他们会评估商品的质量、品质和价格,也会判断主播是不是真的了解商品,以及商品对自己来说是否"有用"。主播只有充分了解商品,在直播中能够全面介绍商品的主要特点,才可能真正得到直播间用户的信任。

知名演员刘涛之所以能够创造很多直播销售纪录,主要原因在于她对商品的充分了解,以及专业且贴合现实的商品展示。

例如,刘涛在介绍一款小龙虾时,先是强调"新鲜""近期生产",然后明确说明虾的重量和汤汁重量,最后告诉大家,吃完了虾的汤汁,可以用来煮面;在介绍一款气泡冲牙器时,她先介绍了商品的组成部件,再介绍商品的功能,并且还一一讲解示范使用了四个按钮不同的功能与用途。

在其直播过程中，刘涛对商品的细致讲解随处可见，从每一件商品的日常价、补贴价、直播间促销价，到商品本身品牌、功能、特性及对于这款商品的使用体验，她的推荐条理清晰、让人信服。

可见，影响主播销售成绩的，并不完全在于主播的人气，还在于主播的专业度。而主播要想提升自己的专业度，可以从以下四个维度来介绍商品，如表 4-1 所示。

表 4-1   介绍商品的四个维度

角度	核心问题
价格	日常价是多少，促销价是多少，省多少钱，相当于几折
亮点	商品有哪些值得一说的亮点，是否有功能需配合现场示范
场景	这款商品在哪些场景能用上，除了自己，身边还有谁能用
理由	为什么我想推荐这款商品，我或身边的人使用的体验如何

此外，主播要尽可能地提升自己对商品所属行业的认知。例如，对于美妆类商品，主播要对商品成分、护肤知识、化妆技巧、彩妆搭配等领域做到尽可能精通；对于服装类商品，主播要对衣服的材质、风格、时尚流行、穿搭技巧等方面也要有所钻研。

课堂讨论

说一说你了解的专业能力强的主播。

4.2 主播的人设策划

主播是直播间的核心，用户对主播的认知和印象决定了对直播间的评价。而有鲜明人设的主播，更容易被用户识别和铭记。

"人设"一词，可能来源于小说、漫画中的"人物设定"，其含义是，作者给自己笔下的角色添加一些如性格、技能、相貌、家世、人际关系等方面的框架，以树立一个丰满的角色形象，给读者留下深刻的印象。通常情况下，"人设"需要在构想剧情之初就完成，以作为最基础的创作框架，来限定后续的剧情创作。后来，"人设"逐渐被延伸到娱乐明星领域、自媒体领域、直播领域等。

在直播策划中，需要先策划主播的人设。一个有新意的、讨喜的人设，更容易得到用户的喜欢和支持。

▶▶▶ 4.2.1 依据用户群选择人设角色

根据"与用户的关系",主播的人设角色可以分为四种,即专家型、知己型、榜样型、偶像型。这四种角色的所代表的意义如下。

● 专家型,即在某一学科、行业或某项技艺上有较高造诣的专业人士,已经拥有某个领域或多个领域的知识体系,能够有效解决领域内的各种问题,也能够通过写作、演讲等方式持续输出行业内的专业知识。专家型人设是凭借专业知识来获取信任。一般情况下,金融服务类、地产服务类、职场服务类、法律服务类、创业服务类、在线教育类及文化类商品的主播,需要树立专家人设。

● 知己型,女性用户群的"女闺蜜",男性用户群的"好兄弟",都是知己型人设。知己型人设的表现是,能站在用户角度根据用户的需求提供好建议。其特点是"与用户站在一起"。因此,拥有知己型人设的主播输出的许多内容,需要跟用户群一致或保持同一水平。拥有知己型人设的主播,适合推荐家居用品、生活用品、数码产品、食品等品类的商品。

● 榜样型,是指在某个或某些方面能力突出,堪称榜样,也称作"达人"。例如,有的人与人交往热情、主动、言行得体,处理人际关系问题游刃有余,即可策划为"社交达人"人设或"高情商"人设。拥有榜样型人设的主播,适合推荐美妆、服饰、运动、科技、娱乐服务、生活服务、旅行服务等品类的商品。

● 偶像型,是指拥有比较突出的外在形象和才艺特长,拥有偶像型人设的主播更适合推广跟潮流相关的品类,如美妆、服饰、影音、运动、旅行商品或服务等。

直播团队策划主播的人设时,可以根据直播间主要销售商品的品类或直播间主要用户群的消费偏好,选择合适的人设;也可以根据主播个人的特点,如年龄、形象风格、语言风格等特点,为其策划合适的角色。

(1)年龄。主播的真实年龄和镜头下年龄如何?每个人设角色适合展现的最佳年龄是多大。例如,如果主播只有 20 岁,策划人设为"偶像型""知己型"会比"专家型"更合适。能够给予用户专业意见的行业专家,需要有丰富的从业经验,需要有精彩的履历,那么,40 岁的主播显然会比 20 岁的主播更容易获得用户的信任。

(2)形象风格。主播的平时个人形象是"日常邻家哥哥、姐姐"型的,还是"时尚精致"型的?偏爱日常装扮的主播,策划其人设为榜样型或偶像型,可能缺乏说服力;但若是策划其为"知己型",则可能会更有亲和力。从另一个角度说,若是策划主播人设为偶像型,就需要主播塑造出时尚精致的外在形象。

(3)语言风格。主播在沟通问题、解决问题时,是采用情感说服还是理性思

第4章 直播营销的主播打造

考后的逻辑说服？采用情感说服的主播可能更适合成为知己型主播，采用逻辑说服的主播可能更适合当专家型、榜样型主播。

除此以外，直播团队还可以根据主播对一些生活问题的看法来丰富主播的人设形象。例如，主播如果看待婚恋关系，有哪些爱好，喜欢结交什么样的朋友，以及他/她的朋友是怎么描述他/她的。通过回答这些问题，主播可以让自己的人设更加立体。

最后，再补充一种情况：如果主播是在短视频平台做直播，是在短视频账号已经聚集了一批粉丝后才开通直播的，而且，主播就是短视频的出镜人员，那么，直播中的主播人设就需要与短视频内出镜人员的形象保持一致。如果直播过程中主播风格与短视频中主播的形象有很大、很明显的差别，那么，依靠短视频积累的粉丝可能会感到失望，不愿意去观看关联的直播，直播的营销效果也就无从谈起了。

课堂讨论

找一找你关注的主播或你知道的主播，看看其人设属于什么类型？

▶▶▶ 4.2.2　为人设添加一些独特元素

直播团队还需要为主播设计一些独一无二的属性，即挖掘主播的独特之处。挖掘主播的独特之处，可以通过以下四个方法来实现。

1. 提炼"闪光点"

提炼"闪光点"，即挖掘主播个人的核心优势，具体可以从主播的外表、性格、特长等方面入手，也可以从学习历程、工作经验、生活经历、独特技能、个人荣誉等方面寻找主播与其他主播的不同之处。不管从哪里找，关键是要找到一处能够让人记住的"闪光点"。

例如，李佳琦在经验和技能方面，即有以下 3 个特别之处。

一是有丰富的从业经历。成为主播之前，李佳琦是某化妆品牌的彩妆师和销售人员，甚至是"那个柜台最专业、最懂化妆品、最会销售的导购"。

二是有官方认证。他曾在一次直播中试了 380 支口红，还创下了个"30 秒涂口红最多的人"的吉尼斯世界纪录。

三是对口红有充分了解。据报道，李佳琦家里有数万只口红，他能在 3 秒内从数万只口红里，找出指定的口红，并准确说出这个色号的特色及适合人群。

李佳琦拥有的这些经验和技能，可以为其"口红一哥"人设提供"专业度"保障。

2. 添加"反差"属性

确定"闪光点"后，直播团队就可以再依据"闪光点"为主播添加一个"反差"属性。在不违背主流观念的情况下，为主播添加一个与众不同的属性，有助于提高主播"人设"的独特性和易记性。

例如，抖音红人"丽江石榴哥"的最初人设是"在集市卖石榴的朴实小摊贩"，其长相憨厚老实，言语真诚，说话语速快。那时，很多人关注他，多是出于同情和鼓励。后来，用户在他的直播中看到，石榴哥能用流利的英语与外国人交流，进一步了解后，才知道他是一位"白天教书，晚上摆摊"的"英语老师"，于是心生钦佩。接着，用户发现，石榴哥不仅会说英语，还会说日语、纳西语、白族语、粤语等多种语言。于是，"朴实小摊贩"的人设就被加上了与最初人设有极大反差的"才华"标签。

这种"朴实的外表"与"丰富的内在"的反差，给人一种"被褐怀玉""大智若愚"的感觉，是比较讨喜的反差人设，因而再次成功吸引了用户的注意力，增强了用户的讨论度和关注度。

3. 设计有辨识度的言行举止

确定主播的独特属性后，直播团队就可以根据要表达的独特之处，为主播策划和设计一些有辨识度的行为和语言，以打造其独具个性的人设。

例如，李佳琦的独特元素是他的口头禅。在李佳琦的直播间，李佳琦凭借"Oh my God，买它"，登上微博热搜第一名，成功"出圈"被大众熟知。直播时，李佳琦只要喊"所有女生"，直播间的用户立刻坐直，集中注意力，争分夺秒准备抢购，被用户称为让淘宝女孩疯狂买单的"号召令"。

其实，主播并不需要专门设计不符合自己特点的言行举止。每个人都有与众不同之处，或是外表，或是语言，或者是某些已经习惯的"缺点"。接纳与别人不一样的部分，从正向的、积极的角度去理解这个"不一样"之处，这一点"不一样"就是主播身上最有记忆点的个人特征。

4. 设置一个有趣易记的名字

直播团队可以为主播设置一个有趣、易记的名字。为主播设置名字，建议遵循五个原则：贴合人设、朗朗上口、用词简洁、寓意美好、无生僻字。

此外，还注意名字的发音。看看名字有没有谐音，谐音的寓意如何，发音听起来是不是有力量。确定名字之后，不要轻易修改。

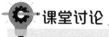 课堂讨论

找一位你关注过的主播，想一想这位主播有哪些独特之处？

▶▶▶ 4.2.3　从三个角度渲染主播人设

人设是出于直播团队的精心策划；但人设的建立，则需要基于用户评价和网络互动。换句话说，人设要想打造成功，需要"立得住"；而能否"立得住"，就在于用户对于主播的认知和印象是否与策划的人设一致。

让人设"立得住"，直播团队还需要通过以下3个方式积极渲染主播人设。

1. 策划一系列故事

策划一套能够表达人设的故事。这样的故事包括3个方面：个人成长的故事、得到用户肯定的故事、直播团队的趣事。

（1）个人成长的故事。这样的故事不是简单地宣传主播个人的事业做得有多好，而是告诉用户主播个人的成长经历，让用户对主播的经历产生共鸣，进而对主播个人产生认同感，愿意主动去了解主播所做的事情。

（2）得到用户肯定的故事。这种故事的核心内容是，主播和直播团队凭借什么原则坚持做了哪些事，在这个过程中克服了哪些困难才得到了用户的肯定。这个故事也在告诉用户，直播团队信奉什么样的价值观，直播团队在用何种方式为这个世界创造更好的价值。讲这样的故事，需要能触动用户的情感。因此，直播团队在策划这样的故事时，不是简单地描述真实的经历，而是要在真实经历的基础上加入能够感动自己、唤起情绪的"行动意义"，从而让故事先打动自己，再打动他人。

（3）直播团队的趣事。日常趣事不同于个人成长的故事和得到用户肯定的故事，是轻松的、幽默的故事，是能够引人发笑的故事。这样的故事，对故事的主人公来说是"小尴尬""小错误""不完美"，但却能让用户感觉到直播团队成员的真实和可爱。

这些故事可以以文章或短视频的方式发布在不同的自媒体平台上，吸引平台用户的关注。

2. 在直播间讲故事

主播也可以在直播间讲故事，并加入自己的观点，通过引起用户的情感共鸣，渲染自己在生活态度方面的人设。

基于此，主播可以在直播过程中讲以下4种类型的故事。

（1）正能量的故事。当今时代，正能量的故事往往更有传播价值，而且能够提升主播和直播团队的形象。例如，亲情、友谊、爱情、善心、励志、诚信、互助、忠诚、踏实等都是能够打动人心的正能量主题。

（2）生活化的故事。生活化的故事，即"贴地气"的故事，能够让用户觉得真实，感觉跟自己相关，也更能打动人。生活化的故事的核心是"真实"，主播可以对故事的细节进行适当地调整，但故事的主要内容必须是真实的。

（3）有个性的故事。有个性，即是有主见、不盲从，主播往往也会有自己的信念，且能坚持。"有个性"的故事，往往能引人深思，引发讨论。主播讲的"有个性"的故事，可以是"有个性的人"做的平凡事，也可以是平凡人做的"有个性的事"。

（4）有情怀的故事。有情怀的故事，讲述的多是执着于追求自己认为正确的事情，展示的是内心的满足，而不是功利的得失。有情怀的故事，自始至终都体现着对美好的期望，更容易打动人心，引发赞赏和追随。

3. 打造自媒体的传播矩阵

对主播人设的宣传，直播团队不需要局限在直播间，可以利用与直播间相关联的微信公众号、微博、抖音、快手、社群等对主播进行人设的包装和造势。

例如，作为"淘宝直播一姐"的薇娅，为了扩大知名度，还在微博、抖音、快手、视频号等平台上发布相关短视频作品。这些短视频有的是直播间花絮，有的是日常工作或生活的场景，还有的是励志故事，吸引了这些平台的很多用户关注。再者，薇娅因为经常邀请当红明星去其直播间，薇娅的名字也经常成为热搜关键词，这就令很多没有观看淘宝直播习惯的用户，也能频繁地在各个平台看到薇娅的名字，对其产生好奇而到其直播间观看直播。

可见，要想大幅度提高直播间人气，就需要为主播在各个平台打造一个系统化的传播矩阵，定期频繁地输出符合主播人设的内容，增加主播的全网曝光度，为主播的直播间积累流量基础。

 课堂讨论

在不同的自媒体平台上，搜一搜你知道的知名主播，说一说其直播团队是如何为主播宣传的。

 思考与练习

1. 为什么说有正向价值观的主播更容易获得用户的支持？
2. 人气主播具备哪些特点？
3. 主播的人设角色有几种，分别适合推荐哪些商品？
4. 策划主播人设时，可以为人设添加哪些独特元素？
5. 为了引起用户的情感共鸣，主播可以在直播间讲哪些故事？

第5章
直播营销的策划与筹备

【知识目标】
（1）了解直播营销的工作流程。
（2）了解直播的整体策划方法。
（3）了解直播场地的选择与布置方法。
（4）了解直播间需要配置的设备。

5.1 直播营销的工作流程

一场以营销为目的的直播活动，并不是几个人对着镜头说说话而已，背后都有着明确的工作流程。直播营销活动的流程主要包括五个环节，如图5-1所示。

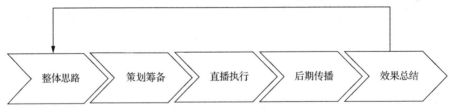

图5-1 直播营销活动的工作流程

直播团队需要对每个环节进行安排，确保每一场直播营销的完整性和有效性。

1. 整体思路

直播营销的第一个工作环节是确定整体思路。在策划直播方案之前，直播团队需要先厘清直播营销的整体思路，然后有目的、有针对性地策划与执行。

直播营销的整体思路设计，包括3个部分，即目的分析、方式选择和策略组合。

（1）目的分析

一场直播营销活动，有时更注重直播的"带货"量；有时则在于提升合作品牌的影响力。营销目的不同，适合的直播营销策略也有所差异。因此，在确定整体思路阶段，直播团队需要明确一场直播的营销目的，并对目的进行分析。

（2）方式选择

在确定直播目的后，直播团队需要根据用户群体的关注偏好、消费偏好，在名人营销、稀有营销、利他营销、对比营销等方式中，选择其中的一种或选择多种进行组合。其中，名人营销，即邀请名人作为直播间的嘉宾，通过聚集名人的粉丝，快速提升直播间的流量和讨论热度；稀有营销适用于拥有独家信息渠道的直播间，其中包括独家冠名、知识版权、专利授权、唯一销售方等，可以直接提升直播间人气，快速提升主播和直播间的曝光度；利他营销，即借助主播或嘉宾的分享，向用户免费传授关于产品的使用技巧、分享生活知识等，从而增强用户对主播和直播间的好感度和黏性；对比营销，即通过与竞品或自身上一代产品的对比，直观地展示差异化，增强产品说服力。

（3）策略组合

确定营销方式后，直播团队需要对场景、商品、创意等模块进行组合，设计出最优的直播策略。

2. 策划筹备

直播营销的第二个工作环节是策划筹备。有序的直播营销需要做到"兵马未动，粮草先行"。具体准备如下。

（1）将直播营销方案撰写完善。

（2）在直播开始前，将直播过程中用到的软件和硬件测试好，并尽可能降低失误率，防止因为筹备疏忽而引起不良的直播效果。

（3）为了确保直播开播时的人气，直播团队还需要提前进行预热宣传，鼓励用户提前进入直播间，静候直播开场。

3. 直播执行

直播营销的第三个环节是直播执行。直播执行，即直播开播。为了达到已经设定好的直播营销目的，主播、助理及其他成员需要尽可能按照直播营销方案，将直播开场、直播推荐过程、直播收尾三个环节顺畅地推进，并确保直播的顺利完成。

为了确保直播开播过程顺利，直播团队需要在直播开播之前检查很多准备工作。表 5-1 所示为直播开播前的准备工作检查表。

表 5-1　直播开播前的准备工作检查表

序号	检查项	检查要点	检查人	检查结果
1	道具	• 道具是否已经备足 • 道具是否已经摆放整齐		
2	样品	• 样品是否已经按照推荐顺序摆放整齐 • 样品是否已经标注推荐序号		
3	直播间布置	• 直播间是否已经布置完成		
4	硬件	• 直播间的拍摄设备是否调试完成		
5	软件	• 直播平台的直播信息是否已经完成设置 • 直播软件是否已经测试完毕		
6	商品了解度	• 主播及助理是否已熟记本场直播的商品名称 • 主播及助理是否已了解每个商品的核心卖点		
7	商品脚本	• 每一款商品的完整介绍脚本是否已经编写、审核完成 • 完整脚本是否打印成纸质文件		
8	商品价格	• 每一款商品是否已经与主流电商平台上的同款商品比较过价格 • 每一款商品是否已经明确标注优惠幅度		
9	话术	• 各个环节的话术是否已经按照主播和助理的直播风格进行调整		
10	抽奖环节	• 抽奖环节是否已经经过测试 • 操作程序是否可体现公平、公正、公开 • 抽奖环节是否能够引导用户关注直播间和转发分享		

　　对于上述检查表中的检查项和检查要点，直播团队可以根据自身的直播经验进行增删或调整，将容易忽略、容易出错的项目都清楚地罗列在检查表中，从而制订适合自己的检查表。在直播开播前，直播团队需要对照检查表一项一项对照检查，即可让直播过程更可控，让后续的直播优化更有针对性。

4. 后期传播

　　直播营销的第四个环节是后期传播。直播结束并不意味着营销结束，直播团队需要将直播涉及的图片、文字、视频等，在抖音、快手、微信公众号、微博、今日头条等关联自媒体平台继续传播，让其抵达未观看直播的用户，让直播效果最优化。

　　目前，直播结束后，常见的传播形式如表 5-2 所示。

表 5-2　常见的传播形式

传播形式	传播内容制作方法	可发布的平台	作用
直播视频	录制直播，制作完整的直播回放视频	点淘（淘宝直播）	方便错过直播的用户观看
	录制直播，截取有趣画面并将其制作成短视频	抖音、快手、哔哩哔哩、微博等	提升主播影响力，打造主播的"有趣"人设
	录制直播，截取有专业知识讲解的画面制作短视频	抖音、快手、哔哩哔哩、微博等	提升主播影响力，打造主播的"专业"人设
直播软文	编写行业资讯类软文，并在软文中插入直播画面或直播视频片段	微信公众号、微博、今日头条	打造主播的"专业"人设，吸引更多的行业人士关注主播、回看直播
	分享主播经历，记录直播感受和收获	微信公众号、微博、今日头条	拉近主播与用户的心理距离，吸引用户关注主播
	从用户角度出发，分享直播购物体验	微信公众号、微博、今日头条	提升用户对主播和直播间的信任度
	写直播幕后故事，分享直播心得和直播经验	微信公众号、微博、今日头条	提升主播和直播间的影响力

5. 效果总结

直播营销的第五个环节是效果总结。直播后期传播完成后，直播团队需要进行复盘，一方面需要进行直播数据统计，并与直播前的营销目的进行对比，判断直播营销效果；另一方面需要进行讨论，总结本场直播的经验与教训，做好团队经验备份。

每一次直播营销结束后的总结与复盘，都可以作为直播团队的整体经验，为下一次直播营销提供优化依据或策划参考。

需要强调的是，直播营销的第四个环节"后期传播"与第五个环节"效果总结"虽然都是在直播结束后才进行的，但是直播团队需要在直播开始前就做好这两个方面的准备。

第一，提前设计数据收集路径。如直播店铺流量来源设置、店铺分销链接生成、微信公众号后台问卷设置等。

第二，提前安排统计人员。不少直播平台后台的数据分析功能不够细化，因此一部分数据（如不同时间段的人气情况、不同环节中的互动情况等）需要人工统计，以便于直播团队进行后续分析。

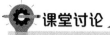课堂讨论

关注一场知名主播的"带货"直播，看看其直播团队在直播前做了哪些预热宣传，在直播后又做了哪些工作？

5.2 直播方案的策划与执行规划

在直播活动开始之前，直播团队需要撰写完整的直播方案及执行规划方案，以准确传达直播运营和营销的思路，确保直播营销活动能够顺畅进行。

5.2.1 直播方案的策划要点

直播团队策划直播方案的目的是将抽象概述的思路转换成明确传达的文字，以使所有参与人员尤其是直播相关项目的负责人，既了解整体思路，又明确落地方法及步骤。

由于直播方案一般用于直播团队的内部沟通，目的是用最精练的语言让与直播相关的所有人员熟悉活动流程及分工，因此直播团队没必要在时代背景、营销理念、实施意义等宏观层面花过多的笔墨，正文的描述应简明扼要、直达主题。

完整的直播方案正文，需要包括直播目标、直播思路简述、直播间的人员分工、直播的时间节点、直播活动的预算五大要素。

1. 直播目标

直播方案正文首先需要传达直播目标。根据 SMART 原则，直播目标需要满足具体、可衡量、可实现、相关性、有时限 5 个要素。

- 具体（Specific），指直播目标应该是可量化的。基于这个原则，"通过直播营销提升品牌知名度"就不是具体的目标，而"借助直播为品牌的私域社群导流 100 人"就是具体的目标。

- 可衡量（Measurable），指目标是数量化或行为化的。例如，"利用直播实现销售额猛增"就不是可衡量的目标，而"利用 3 小时的直播，推荐 10 款商品，实现 10 万元销售额"就是可衡量的目标。

- 可实现（Attainable），指目标在付出努力的情况下是可以实现的，直播团队应避免设立过高或过低的目标。例如，上一次直播有 3 万人观看，这次将目标设定为"100 万人观看"就是不可实现的，而"5 万人观看"或"7 万人观看"这样的直播目标是可实现的。

- 相关性（Relevant），指目标是与直播团队的其他目标具有相关性。例如，有的直播团队也有工作人员负责微信公众号运营、社群运营等，那么，"微信公众号粉丝增加 1000 人""为社群引流 100 人"等运营目标也是有相关性的目标。

- 有时限（Time-bound），指完成目标的特定期限。直播结束后，传播与发酵的时间通常不超过一周，其中 80% 左右的商品销量来自于直播当天。因此，"借助直播实现新品销售 5 万件"是没有时限的，而"直播结束 48 小时内实现新品销售 5 万件"是有时限的目标。

直播策划方案中，直播团队需要将直播的营销目标按照 SMART 原则准确地提炼出来，这样才能达到最佳的直播效果。

2. 直播思路简述

直播方案正文需要对直播的整体思路进行简要描述，包括直播目标、直播平台、直播时间、直播主题、直播亮点等。

其中，直播主题是直播方案的中心。整场直播的设计都需要围绕直播主题进行拓展。

直播主题的策划有 3 个策划角度，即根据用户需求来策划、根据时节来策划，以及根据电商活动来策划。3 个策划角度的策划依据和策划要点如表 5-3 所示。

表 5-3　3 个策划角度的策划依据和策划要点

策划角度	策划依据	策划要点	举例说明
用户需求	用户的标签及消费需求	突出用户群的需求热点	提升幸福感的办公室"神器"3 折购
时节	用户在不同时节的消费需求	突出时节的消费亮点	夏季短袖全场半价
电商活动	用户在电商活动时的消费心理	突出促销力度	"6•18"预售，6.18 元开抢

3. 直播间的人员分工

关于直播间的人员分工，直播团队在直播方案中需要做两处说明：小组分工说明和直播流程中的具体分工说明。

（1）小组分工说明

为了确保直播活动的顺利开展，直播团队需要先将与直播相关的工作内容进行分组。例如，直播团队在直播前，为了宣传直播间和预告直播信息，需要设置"宣传组"；为了确保直播录制所需的桌、椅、水杯、文具、装饰品等各种道具准备妥当，需要设置"道具组"；为了在直播时快速为主播传递样品，需要提前核对样品，并将样品摆放整齐并标记清楚，需要设置"商品组"等。

一般情况下，一场以营销为目的的直播，需要配置宣传组、道具组、摄制组、主播组、商品组等。为了提升方案的可执行度，每个小组都需要设定一个负责人和几名执行成员，并在方案正文中简单描述小组的工作内容，如表5-4所示。

表5-4　小组分工说明表

小组	负责人	成员	小组工作内容
宣传组	运营负责人	运营团队成员	负责微信公众号、微博、抖音、快手、淘宝直播等平台的直播预告和直播后的图文、视频宣传
道具组	编导	助理、场控、客服	负责准备直播间的道具及直播后的道具整理
摄制组	编导	拍摄人员、视频剪辑人员	负责直播间的拍摄器材准备、直播过程的拍摄及直播后的视频剪辑
主播组	编导	主播、助理	负责直播间的主持、商品介绍等，并整理本场的商品清单
商品组	编导	助理、场控、客服	负责直播间的样品准备和传递、商品相关问题的回复、直播后的样品整理等，以及本场直播需要准备的样品清单整理

（2）直播流程中的具体分工说明

为了明确直播过程中每个细节的负责人及工作要点，直播团队还需要按照直播流程，对各个工作环节的负责人及其工作内容予以说明。例如，直播开播过程中的具体分工如表5-5所示。

表5-5　直播开播过程中的具体分工

序号	时间	环节	直播内容	预计耗时	负责人	跟进内容
1	17:30—18:00	引流	预热短视频	30分钟	运营人员	引流短视频投放、投放时间、引流效果等
2	18:00—18:10	开场预热	暖场互动	10分钟	主播、助理	开始时间、结束时间、暖场话术、用户反应等
3	18:10—18:30	活动剧透	剧透商品及优惠力度	20分钟	主播、助理	开始时间、结束时间、用户反应等
4	18:30—20:45	商品介绍	介绍商品，引导成交	135分钟	主播、助理	商品推荐时间、推荐话术、在线人数、用户评论、商品点击次数、成交金额等
5	20:45—21:00	下期预告	下期预告	15分钟	主播、助理	预告话术、用户反应

4. 直播的时间节点

直播方案中需要明确体现的时间节点有两部分：直播的整体时间节点和直播

中各个环节的时间节点。

　　第一部分是直播的整体时间节点，包括前期准备、直播现场、直播进行时、直播结束后四个模块的时间节点，如表 5-6 所示，直播团队确定直播的整体时间节点可以便于所有参与者对直播的工作有一个整体的印象。

表 5-6　直播的整体时间节点

直播环节	关键环节	时间要求
前期准备	预约直播时间，确认主题、商品内容及直播流程	提前 5~7 天
	制作直播宣传海报、预热短视频	提前 3~5 天
	直播活动前期宣传推广，蓄积用户	提前 3 天
	准备直播道具、样品	提前 1~3 天
	准备及检查拍摄器材	提前 1~3 天
	确定直播人员	提前 1~7 天
直播现场	直播工作人员到达直播现场	提前 0.5~1 小时
	布置场地，调整灯光，确认最佳拍摄效果	提前 3~6 小时
	检查网速，除主播外，在场其他人员都禁止使用指定 Wi-Fi，改为使用移动数据流量	提前 1~2 小时
	直播现场人员分工及就位	提前 0.5 小时
直播进行时	各司其职，需要注意直播现场的状况，及时回答用户问题	2~4 小时（依实际情况而定）
直播结束后	清点整理道具、样品及直播间设备	直播后 2 小时内
	提取后台相关数据，以便分析及宣传	直播后 2 小时内
	直播复盘	直播后 4 小时内
	剪辑精彩直播视频，在自媒体平台上传视频	直播后 24 小时内
	直播后进行图文宣传及视频宣传	直播后 24 小时内

　　第二部分是直播中各个环节的时间节点，即直播团队需要明确主要环节及每个环节的开始时间和截止时间（见表 5-7），防止由于某个环节延误而导致直播的整体延误。

表 5-7　直播中各个环节的时间节点

序号	时间	环节	环节说明
1	18:00—18:30	暖场	主播做自我介绍、直播背景介绍，以及整场直播的商品、福利介绍，告知用户直播的活动主题
2	18:30—19:00	引流商品介绍	主播做详细的商品介绍，可以在白板上写出活动的优惠价、折扣、数量等

续表

序号	时间	环节	环节说明
3	19:00—20:00	重点商品介绍	这个环节是介绍本场直播重点推荐的商品，如前3个用户下单可获得小礼品、购买即可参与抽奖等。主播可通过统一回复"×××"、截屏等方式让用户积极参与
4	20:00—20:30	普通商品介绍	主播做详细的商品介绍，可以在白板上写出活动的优惠价、折扣、数量等
5	20:30—20:45	直播结束	主播告知用户直播即将结束，并强调直播间风格和自我风格；引导用户关注主播、加入粉丝群等；最后预告下次直播的时间、内容、福利
6	20:45—21:00	清场	整理直播间道具、样品
7	21:00—22:00	复盘	总结此次直播遇到的问题，讨论并确定优化方法

5. 直播活动的预算

每一场直播活动都会涉及预算，整体预算情况、各环节的预算情况，都需要直播团队在直播方案中进行简要描述。

一般情况下，一场直播活动可能需要以下4个方面的费用投入。

- 基础投入：手机、计算机、摄像机、话筒等直播硬件费用，直播间装饰费用，直播团队的薪酬，直播场地的租赁费用，直播平台店铺的开店费用；
- 现场福利活动：现场福利以发放红包、优惠券、实物礼品为主，如关注领红包，抽奖得红包、优惠券、实物礼品等。
- 前期宣传活动：各个宣传渠道的引流费用、宣传物料的制作费用等。
- 后期宣传活动：各个渠道的维护费用、推广费用，以及宣传物料制作费用等。

当某个项目组可能出现预算超支的情况时，需要提前告知相关负责人，便于整体协调。

 课堂讨论

观看一场知名主播的"带货"直播，看一看直播中各个环节的开始时间和结束时间。

▶▶▶ 5.2.2 直播方案执行规划

一个好的想法并不足以支撑方案的具体落地，为保证方案的落地并与最终直播目标契合，直播团队需要把好的想法系统化，以一个可视化、可监督、可跟进的形式展示出来，这就是直播方案执行规划。

直播方案执行规划是直播方案在执行层面的进一步细化，以明确每个阶段的具体工作是什么、完成时间是什么时候、负责人是谁等。

直播方案执行规划的呈现方式是"工作跟进表"，如表 5-8 所示。撰写工作跟进表，有助于直播团队按照"一人一事跟进到底"的原则，跟进了解各项具体工作的执行过程。

表 5-8   工作跟进表

阶段	具体工作	责任人	计划时间	完成时间
前期准备	预约直播时间	运营	——	——
	确定直播主题	编导、主播、运营等	——	——
	确定直播间的商品组合	选品、运营等	——	——
	确定直播流程	编导	——	——
	进入多平台的宣传推广	运营	——	——
	准备直播间道具、样品	编导	——	——
	准备直播间拍摄器材	拍摄	——	——
	确认直播间工作人员	编导	——	——
直播现场	布置场地	助理、场控、编导	——	——
	安装及调控拍摄器材	拍摄	——	——
	检查网速	编导、场控	——	——
	现场工作人员分工安排及就位确认	编导	——	——
直播进行时	直播预热	主播和助理	——	——
	引导用户关注	主播和助理	——	——
	介绍商品	主播	——	——
	上架及下架商品	助理	——	——
	介绍福利活动	主播	——	——
	引导用户参与福利活动	助理	——	——
	用户答疑	主播、助理、客服	——	——
直播结束后	整理道具、样品	助理、场控、客服	——	——
	整理拍摄设备	拍摄	——	——
	提取直播数据	运营	——	——
	直播复盘	全体成员	——	——
	剪辑直播视频	剪辑	——	——
	制作相关图文	运营、设计	——	——
	在自媒体平台进行宣传	运营	——	——

工作跟进表的样式及内容并非完全固定，在不改变制作工作跟进表目的的基础上，直播团队可根据具体需求对表格进行调整，以满足跟进各项具体工作落地的需求。

例如，制订直播准备期的多平台宣传推广跟进表，就需要考虑发布平台、内容主题、发布形式、提交时间、负责人、审核人等内容，如表 5-9 所示。

表 5-9　直播准备期的多平台宣传推广跟进表

发布平台	内容主题	发布形式	提交时间	负责人	审核人
微博	——	图文	——	——	——
微信公众号	——	长文章	——	——	——
抖音	——	短视频	——	——	——
快手	——	短视频	——	——	——
视频号	——	短视频	——	——	——
朋友圈	——	九宫格图片	——	——	——
微信群	——	宣传图	——	——	——

 课堂讨论

想一想，如果要制订一个直播预告跟进表，需要考虑哪些内容。

5.3　直播活动的脚本方案

直播活动的脚本方案，俗称"直播脚本"，可以理解为直播内容的策划方案，是直播团队通过结构化、规范化及流程化的说明，为主播在直播间的内容输出提供线索指引，以确保直播过程的顺利进行及直播内容的输出质量。

直播脚本可以分为整场脚本和单品脚本。接下来，介绍这两种脚本的策划方法。

▶▶▶ 5.3.1　整场脚本策划

整场脚本策划，即直播团队策划并撰写直播过程中的每一个具体环节的关键内容。一个简洁的策划方法是，先规划时间，再整合工作内容，完成脚本策划。

规划时间，即根据直播的目的，确定直播过程中的各个环节及关键环节，并根据直播时间预算，为每个环节规划时间。

在此，以 2 小时直播推荐 5 个商品的直播计划为例，进行整场脚本策划说明。

1．计算每个商品的推荐时长

假如预热时长和互动时长等非推荐商品时长预计为 40 分钟，那么，这 5 个商品的总推荐时长是 80 分钟，平均每个商品的推荐时长是 16 分钟。将这个时间改为浮动时间，即可设计每个商品的推荐时长为 10～20 分钟。

2．设计每个商品的具体推荐时长

假如这 5 个商品包括有 1 个特价包邮的引流款商品、1 个高性价比的印象款商品、2 个靠"走量"来盈利的利润款商品、1 个限购的"宠粉"款商品（这样的商品配置，会在后续的选品内容中详细介绍）。那么，在这场直播中，印象款商品和利润款商品需要主播进行更多、更全面地介绍；引流款商品、"宠粉"款商品，由于价格低廉，限时限量，主播可以安排较短的介绍时长。如此分析后，即可设计这 5 款商品的推荐时长，如表 5-10 所示。

表 5-10　5 款商品的推荐时长

商品总推荐时长	引流款商品推荐时长	印象款商品推荐时长	利润款商品推荐时长	"宠粉"款商品推荐时长	利润款商品推荐时长
80 分钟	10 分钟	20 分钟	20 分钟	10 分钟	20 分钟

3．设计非推荐环节的时长

一场直播中，除了推荐商品外，还有开场后的打招呼环节、暖场环节、活动剧透环节、福利抽奖环节、主播讲故事环节、下期预告环节等，主播可以按照剩余总时长对这些环节进行适当分配，如表 5-11 所示。

表 5-11　其他环节的时间规划

非商品推荐总时间	打招呼时长	暖场时长	活动剧透时长	福利抽奖时长	主播讲故事时长	下期预告时长
40 分钟	3 分钟	7 分钟	5 分钟	10 分钟	10 分钟	5 分钟

在实际操作中，由于直播时长通常在 2 个小时以上，主播可以适当增加福利抽奖时长、主播讲故事时长，以增强用户对直播间的黏性；也可以新增加一个"清空购物车"环节，以在紧张的氛围中快速提升直播间的销售成绩。

4．各个环节的时间规划

经过以上分析，即可确定各个环节的时间规划，如表 5-12 所示。

表5-12　各个环节的时间规划

环节	打招呼	暖场	活动剧透	福利抽奖	介绍引流款商品	介绍印象款商品
时间(开播)	0～3分钟	3～10分钟	10～15分钟	15～20分钟	20～30分钟	30～50分钟
环节	介绍利润款商品	主播讲故事	福利抽奖	介绍"宠粉"款商品	介绍利润款商品	下期预告
时间(开播)	50～70分钟	70～80分钟	80～85分钟	85～95分钟	95～115分钟	115～120分钟

5．整合主题和分工，策划整场脚本

根据直播过程中各个环节的时间规划，结合直播主题、直播目标及参与人员的工作内容，即可策划整场脚本，如表5-13所示。

表5-13　直播活动的整场脚本

直播活动概述	
直播主题	可以从用户需求的角度设计直播主题，如"新年狂欢福利专场""幸福感好物专场"
直播目标	流量目标：吸引×万用户观看；销售目标：推荐5款商品，销售量突破××件
主播人员	主播：×××；助理：×××；客服：×××
直播时间	×年×月×日 18:00—20:00
注意事项	1. 合理把控商品推荐时长、与用户的互动时长； 2. 实时关注用户问题，及时答疑

直播活动流程

时间段	流程	主播	助理	客服	备注
18:00—18:03	打招呼	主播进入直播状态，和用户打招呼，进行简单互动	助理进行简单自我介绍，引导用户点赞	向用户群推送开播通知	——
18:04—18:10	暖场互动	介绍抽奖规则，引导用户关注直播间	演示抽奖方式，回复用户问题，引导用户点赞	向用户群推送直播信息	——
18:11—18:15	活动预告	预告今日推荐的商品和优惠力度	补充主播遗漏内容，引导用户点赞	——	印象款、利润款、"宠粉"款的商品名称，直播间抽奖奖品信息，直播间商品优惠活动信息

时间段	流程	主播	助理	客服	备注
18:16—18:20	福利抽奖	介绍奖品和抽奖规则，引导用户参与抽奖	介绍参与抽奖的方法	收集获奖信息，引导用户点赞	——
18:21—18:30	商品1介绍	介绍引流款商品，展示使用方法，分享商品使用经验	配合演示商品用法，展示使用效果，引导用户下单	在直播间添加引流款商品链接，回复关于商品和订单的问题	引流款商品名称、市场价格、直播间价格
18:31—18:50	商品2介绍	介绍印象款商品，展示使用方法，分享商品使用经验	配合演示商品用法，展示使用效果，引导用户下单	在直播间添加印象款商品链接，回复关于商品和订单的问题	印象款商品名称、市场价格、直播间价格
18:51—19:10	商品3介绍	介绍利润款商品，展示使用方法，分享商品使用经验	配合演示商品用法，展示使用效果，引导用户下单	在直播间添加利润款商品链接，回复关于商品和订单的问题	利润款商品名称、市场价格、直播间价格
19:11—19:20	主播讲述故事	主播讲述自己或团队的故事	配合主播讲述故事	引导用户点赞，收集直播间用户反应	——
19:21—19:25	福利抽奖	介绍奖品和抽奖规则，引导用户参与抽奖	介绍参与抽奖的方法	收集获奖信息	奖品数量、名称、市场价格
19:26—19:35	商品4介绍	介绍直播间的"宠粉"活动，介绍"宠粉"商品，介绍加入粉丝团的方法	引导用户加入粉丝团，展示商品的用法和效果，引导下单	在直播间添加"宠粉"款商品链接，回复关于商品和订单的问题	"宠粉"款商品名称、市场价格、直播间价格
19:36—19:55	商品5介绍	介绍利润款商品，展示使用方法，分享商品使用经验	配合演示商品用法，展示使用效果，引导用户下单	在直播间添加利润款商品链接，回复关于商品和订单的问题	利润款商品名称、市场价格、直播间价格
19:56—20:00	下期预告	预告下一场直播	引导用户关注直播间	回复关于商品和订单的问题	下期直播的时间、商品和福利

从表 5-13 中可以看出，整场脚本是对整场直播进行内容规划，整场脚本的核心内容是直播间的商品介绍逻辑、用户互动的安排及直播节奏的把控。

为了把控直播节奏，在整场脚本方案完成后，主播可以按照既定的互动时间和商品特点设计具体的互动方案，如聊天主题和内容、才艺展示等。

观看一场知名主播的"带货"直播，看一看主播和助理是如何配合进行商品推荐的。

5.3.2 单品脚本策划

单品脚本是概括介绍单个商品的脚本，其内容包含商品的品牌介绍、商品的功能和用途、商品价格等内容。在一场时长为 2～6 小时的直播中，主播需要推荐多款商品。因此，单品脚本需要以表格的形式罗列多款商品的特点和利益点。

单品脚本的模板如表 5-14 所示。

表 5-14　单品脚本的模板

××月××日直播的单品脚本（共 5 款商品）									
序号	商品名称	商品图片	品牌信息	品牌介绍	商品卖点	使用场景	市场价	直播间商铺价格	优惠模式
1	（引流款）	——	——	（品牌理念）	——	——	标签价	9.9 元	9.9 元包邮
2	（印象款）	——	——	（品牌理念）	——	——	标签价	优惠后价格	3 件 3 折
3	（利润款）	——	——	（品牌理念）	——	——	标签价	优惠后价格	3 件 3 折
4	（"宠粉"款）	——	——	（品牌理念）	——	——	标签价	1 元	1 元"秒杀"
5	（利润款）	——	——	（品牌理念）	——	——	标签价	优惠后价格	1 件 8 折

在上述模板中，对"品牌介绍"的模块，主播可以从品牌商提供的品牌理念、品牌故事里挑选能够打动用户的内容，进行填写；而在"商品卖点"模块中，主播则可以通过以下 3 个要点罗列商品卖点。

- 商品外观，如颜色、形状、包装，以及给人的感觉等。
- 商品使用感觉，如食品的口感、数码商品的使用流畅感、服饰的使用场景和效果等。
- 商品的直接或间接背书，如名人使用、所获奖项、销售数据等。

无论是品牌介绍，还是商品卖点，都需要主播根据目标用户的偏好和习惯确定语言的表达方式。

课堂讨论

观看一场知名主播的"带货"直播，看一看主播在介绍商品时，提到了哪些方面的信息。

5.4 直播场地的选择与布置

在直播方案撰写完成并传达到相关负责人后，即可进入直播场地的选择与布置阶段。

▶▶▶ 5.4.1 直播场地的选择

以营销为目的的直播场地，一般可以分为室内场地和室外场地。

室内场地，即主播在室内进行直播。直播团队可以在办公室、店铺、住所、会议厅等地方搭建直播间。室外场地，则是主播在公园、商场、广场、景区、农田等室外场所直接进行直播。

直播团队选择直播场地，有以下两个常用方法。

1. 根据商品场景选择直播场地

直播团队进行场地筛选时，要优先选择与商品相关的场景，以拉近与用户之间的距离，加深用户观看直播的印象。

与商品相关的场景，包括商品的生产场景、购买场景、使用场景等。例如，对于农产品来说，主播在源产地进行直播的效果，可能会比在室内场地进行直播的效果好；对于厨具、家居、百货、运动健身等商品品类，主播在直播时需要重点展示这些商品如何使用，因而，在这些商品的使用场景下进行直播，会更有说服力；对于美妆、图书等商品品类，主播在直播时更偏向展示其使用效果，将室内场地装饰为化妆间、书房，也更容易树立主播的专业形象，更容易获得用户信任。

2. 根据现场人数和直播内容确定场地大小

直播团队可以根据直播团队的人数确定场地大小。一般情况下，室内场地的大小为 8～40 平方米。如果是个人主播，那么，可以选择 8～15 平方米的房间作为室内直播场地；如果是直播团队，那么，可以选择 20～40 平方米的房间作为室内直播场地。而对于需要邀请很多嘉宾的大型直播活动，如粉丝见面会、新品发布会、年会直播等，直播团队可以选择面积较大的室内会议场所或室外封闭场地。

直播团队在选择直播场地时，除了需要考虑现场人数外，也需要考虑直播间的商品摆放空间。例如，对于美妆类商品直播，直播团队选择面积为8平方米左右的小房间即可；但如果是服饰类商品直播，即使只有一名主播，直播团队可能也需要选择15平方米以上的直播场地。

此外，在选择直播场地时，还有一些注意事项：选择室内场地时，直播团队要注意考察、测试场地的隔音和回音情况，因为隔音和回音会影响直播效果，如果隔音不好或回音太重，直播团队可能需要更换直播场地；而选择室外场地时，直播团队需要提前考虑当天的天气状况，一方面需要对极端天气设定防范措施，另一方面需要选择一个室内场地作为备用场地，避免遭遇突发的极端天气而导致直播延期。

课堂讨论

观看不同主播的"带货"直播，看一看各个直播间销售的是什么商品，选择的是什么直播场地。

▶▶▶ 5.4.2　直播场地的布置

直播场地的布置一般是指直播间的布置，直播间是一场直播传达视觉形象的重要途径。风格定位与用户需求、商品特点高度契合的直播间，更有助于提升用户对主播及直播间的好感度。

直播间的布置主要包括直播间的空间布局、直播间的背景装饰及直播间的光线布置3个要素。

1. 直播间的空间布局

直播间的空间布局是直播团队按照直播画面的需要进行设定的。在普通的室内直播间，一般出现在直播画面中的包括有背景墙、主播及助理。其他工作人员和与所推荐的商品不相关的物品一般不会出现在直播画面中。因此，在空间的布局上，一般可以将直播间分为背景区、主播活动区（包含商品展示区）、硬件摆放区及其他工作人员活动区。其中，硬件摆放包括提示区、摄像机摆放区及监视器摆放区。背景区和主播活动区域需要出现在直播画面中，而其他工作人员活动区不会出现在直播画面中。图5-2所示为直播间布局规划图。

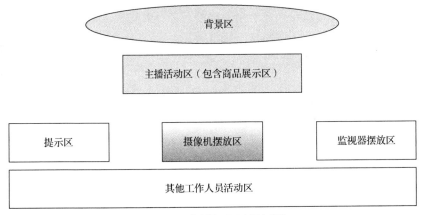

图 5-2　直播间布局规划图

此外，在主播活动区中，主播要站在最合适的位置——既要出现在直播画面的主要位置，使主播的脸部在直播画面中能够被清晰地呈现；又不能距离摄像头太近，从而使直播画面更具层次感和立体感。

2. 直播间的背景装饰

直播间的背景装饰需要符合直播的主题及主播的人设。在此基础上，直播团队可以使用以下技巧来装饰直播间的背景。

（1）背景颜色

如果主播的人设风格是有亲和力的，那么，直播团队可以使用暖色风格的背景墙或窗帘。如果主播的人设风格是成熟稳重的，则直播团队尽量设置纯色的背景墙。

如果直播背景是窗帘，直播团队尽量选择浅色系的纯色窗帘，以制造精简的效果，让画面的视觉效果更好。否则，若是使用深色或纹路繁杂的窗帘作为背景，可能会给用户带来视觉上的压迫感。

（2）装饰点缀

如果直播背景区比较大，为了避免直播间显得过于空旷，直播团队可以适当地添加一些小物品来丰富直播背景区。例如，放置室内小盆栽、毛绒玩具等。室内小盆栽可以让直播间看起来更有活力，毛绒玩具有助于打造主播的可爱风格。

如果是在节日期间进行直播，直播团队也可以适当地布置一些与节日气息相关的物品，或者为主播搭配符合节日主题的妆容和服装，以吸引用户的注意力，提升直播间人气。

（3）置物架

如果直播背景墙或窗帘样式不能体现直播主题，直播团队就可以用置物架来调节。例如，在背景区域中摆放一个置物架，并在置物架上摆放一些能够体现主播人设的书籍、装饰品及主播喜欢的相框等。

3. 直播间的光线布置

合适的光线能够提升主播的整体形象，从而起到提升商品展示效果的作用，为直播营销锦上添花。

一般情况下，直播间的光照布置，有以下 4 个技巧。

（1）布光以软光为主

光的性质和形态可分为两类，即硬光和软光。硬光的光线呈直射形态，方向性明显，能够制造出对比强烈的光影，可以形成明显的阴影。而软光也叫柔光，光线通过一定的阻挡再散发出来，呈散射形态，照在物体上，没有明显的受光面和背光面，因而也没有明显的阴影。

相对来说，硬光很少用在人像摄影上，多用在需要展现人物强烈情绪的舞台剧中。而软光常给人细腻、柔和的感觉，直播团队在直播的过程中使用软光，有助于打造直播间温暖、明亮、清新的感觉。

（2）选择冷光源的 LED 灯为主灯

直播团队最好选择冷光源的 LED 灯作为直播间的主灯，冷光会让主播的皮肤看上去更加白皙、透彻。

（3）前置的补光灯和辅灯应选择可调节光源的灯

直播间前置的补光灯和辅灯应选择可调节光源的灯，且功率要大，这样在直播过程中，主播可以自主调节光源强度，将灯光效果调整到自己最满意的状态。

使用反光板通常会达到意想不到的效果。一般情况下，直播团队在营造软光效果的时候会使用反光板，直播的过程也是如此，补光灯要反向照射到正对着主播的墙上，造成一定程度上的漫反射效果。

（4）选择合适的布光效果

直播间布光的效果分为暖光效果和冷光效果两种，而在主播展示商品的过程中，暖光效果和冷光效果适用的商品有所不同。

暖光的光谱成分接近太阳光，利用暖光呈现出来的物体更为自然，能够给人一种亲切、温暖的感觉。如果直播团队要打造有温馨感觉的直播间，可以使用暖光。图 5-3 所示为直播间布置暖光的规划图。

通常情况下，冷光的色调都以蓝色为主，给人一种冷静、理性的感觉。如果直播团队需要展示商品的科技感和现代感，可以使用冷光。图 5-4 所示为直播间布置冷光的规划图。

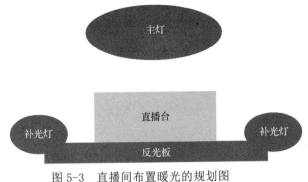

图 5-3　直播间布置暖光的规划图

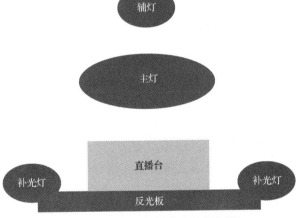

图 5-4　直播间布置冷光的规划图

　　总之，直播间的光线布置应该根据直播风格和商品的类型来确定，直播团队应利用光学知识打造直播美学，营造美感。

课堂讨论

　　观看一场知名主播的"带货"直播，看一看其直播间的布置有什么特点。

5.5　直播硬件的配置和软件的调试

　　好的直播设备是确保直播画面清晰、直播内容稳定生成的前提，在直播筹备阶段，直播团队需要对手机、摄像头等设备，以及直播平台、直播软件进行反复调试，以达到最优状态。

▶▶▶ 5.5.1　直播硬件的配置

目前，直播的主流设备是手机。直播团队只需要在手机上安装直播软件，通过手机摄像头即可进行直播。使用手机进行直播，需要准备至少两台手机，并且在两台手机上同时登录直播账号，以备不时之需。

不过，受手机电池电量、网络信号等因素的制约，直播团队使用手机进行直播时，还需要借助以下辅助设备进行优化。

1. 电源

直播团队利用手机进行移动直播，是对手机电池续航能力的考验。在进行正式直播前，可以先进行直播测试，衡量某段时间的直播所消耗的手机电量。然后再根据直播间的情况，准备合适的电源。

携带便捷的移动充电宝是手机直播时的必备电源，可以保障直播不因手机电量不足而中断。

在条件允许的情况下，也可以准备插线板，在直播过程中对手机进行快速充电。

2. 无线网络

无线网络的速度直接影响直播画面质量及用户的观看体验。

直播团队在室内直播时，若室内有无线网络且连接设备较少，网络速度较快，可以选择使用室内的无线网络进行直播。在正式直播前，直播团队要对直播所用手机进行测试，当无线网络不能满足直播需要时，要提前发现并解决网络问题。

直播团队在户外进行直播时，无线网络往往无法满足直播需求。此时，直播团队需要使用"流量卡"来满足网络需求。"流量卡"与手机卡相似，直播团队可以直接将其插入手机使用；或购买移动 Wi-Fi，把"流量卡"插入"移动 Wi-Fi"设备中，发射无线网络热点，将直播所用手机连接无线网络热点后，即可进行直播。

3. 支架

直播团队在直播的过程中，无论是对于摄像机还是手机，都需要对其摆放的位置和角度进行调整，并尽可能地减少直播画面的抖动，以达到最佳的直播画面效果。直播团队要想实现这些效果，就需要使用支架。

直播支架包含固定机位直播支架和移动机位防抖直播支架两种。

（1）固定机位直播支架。固定机位直播支架包含单台手机支架和多台手机支架。使用单台手机直播时，可以使用如三脚架、懒人手机支架；使用多台手机直播时，可以使用多平台直播支架，多平台直播支架可支持 5 台以上手机同时直播。

（2）移动机位防抖直播支架。移动机位防抖直播支架包括手持手机稳定器和手机防抖云台。

随着直播行业的发展，直播团队在市场上可以购买到的支架，除了可以满足以上基本功能外，还具备了很多其他功能，如补光、美颜等，可以满足直播团队不同的需求。

4. 补光灯

很多主播会使用手机的前置摄像头进行直播。在暗光环境下使用手机的前置摄像头进行直播，可能会影响直播画面效果。因此，主播可能会用到补光灯。

主播可以使用支持冷光和暖光两用类型的补光灯，同时打开冷光和暖光，避免因冷光造成的皮肤过白或因暖光造成的皮肤过黄的现象。

直播所用的补光灯非常小巧，方便携带使用；而自带电源的补光灯可以免电源驱动，使用更加便捷。不过，直播所用的补光灯并非专业设备，补光范围仅限 1 米左右，直播团队在为大型的直播活动进行补光时，还需使用专业补光灯。

5. 收音设备

即便是在安静的环境下，手机距离主播越远，手机的收音效果也会越差；如果是在嘈杂的环境下，主播距离手机 1 米以上就需要借助外接收音设备辅助收音。

收音设备主要分为两种，一种是蓝牙耳机，主播可以使用蓝牙耳机进行辅助收音；另一种是带线耳机，适合主播对多人进行采访时使用。

6. 提词器

直播活动的即时性，要求主播在直播过程中不能出现任何差错及穿帮行为。而一场直播内容较多，主播需要讲述的内容也很多，不提前准备提词内容很可能会在直播中遗漏关键信息。提词内容包括商品关键信息、抽奖信息、后续活动信息等。这时主播需要使用提词器。

提词器的工作原理是通过一个高亮度的显示器来显示文稿内容，并将显示器上的内容反射到摄像机镜头前一块呈 45° 的专用镀膜玻璃上，从而让主播在看文稿内容的同时，也能面对摄像头。

直播中使用的提词器，目前包括专业提词器和便携式提词器两种。专业提词器自带镜像显示器，除了满足一般的直播需求外，还适用于微课、慕课的录制、教学型直播、知识分享式直播等场景，适合预算充足的直播团队。便携式提词器不带镜像显示器，但直播团队可以用自备的大屏幕手机或平板电脑作为镜像显示器，适合预算有限的直播团队。

一般情况下，提词器中显示的内容是主播在直播中需要讲述的内容，包括商品名字、商品构成成分、用户人群、优惠活动、抽奖规则等，也包括特别准备的话术。

而在直播过程中，直播团队的其他成员可能还需要为主播临时传达某些信息。此时，就需要另外一种提词工具——手写板。手写板的尺寸不宜过大，不要出现在直播画面中，其用途为在直播过程中，当直播团队的其他成员需要与主播进行场外沟通而又不方便出现在直播画面中时，可以将沟通内容通过手写板向主播传达。

7. 相机

直播结束后，直播团队开展后期宣传需要高清大图，因此需要使用专业相机进行拍照。使用专业相机可以对现场进行视频录制，从而为后期宣传提供资料。

一般情况下，推荐使用单反相机。直播团队若需要录制视频并进行后期剪辑，则至少需要两台单反相机，一台用于固定机位全程录制，另一台用于移动机位随机录制和拍照。

课堂讨论

　　随着新技术的发展和应用，直播的硬件设备也在更新迭代。想一想，若想要进一步提升直播效果，可以再增加哪些新设备？

▶▶▶ 5.5.2 直播软件的调试

直播团队还需要对直播平台、直播 App 等进行初步设置及反复测试，以免由于操作不熟练或软件自身问题而在直播现场出现失误。

1. 直播平台设置

未经设置的直播间，用户在进入直播间后可能无法直观地了解直播内容，很容易造成用户的流失。为了提升用户的留存率、减少现场跳出率，在选择直播间类别后，直播团队需要对直播间封面、直播第一幕画面进行设置，以满足直播需求。

（1）直播封面信息设计

直播封面是用户进入直播间之前了解直播内容的窗口，好的直播封面可以提升直播间关注度。直播封面中的信息包括直播主题、直播时间、直播商品名、主播等，直播团队具体可以根据直播平台规则及活动需求进行设置，以达到能够让用户准确地抓住直播核心信息的目的。

（2）直播第一幕画面

直播团队应保持直播封面与直播第一幕画面的相关性，防止用户看到直播封面进入直播间后发现内容与直播封面不相关而产生心理落差。直播第一幕画面尤为重要，直播团队要避免在直播前几分钟总是显示与内容无关或不和谐的杂乱画面。

保持直播封面与直播第一幕画面的相关性，其中包含主播妆容与穿衣风格保持一致，直播封面的色调与直播场地装修色调保持一致。

2. 直播 App 的测试

在直播开始之前，直播团队需要对直播 App 进行反复测试，确保熟练操作，不发生操作失误。

直播 App 的测试主要由两部分组成，第一是主播视角，主播应熟悉直播开始方法、镜头切换方法、声音调整方法等操作；第二是用户视角，主播需要以用户身份注册直播账号，进入直播间观看，从普通用户的角度观察直播画面，如果发现问题需要及时优化。

主播视角的测试包括许多操作，如直播间介绍、封面设置、直播预告、录制权限设置、直播间送礼等付费功能的开启或关闭、直播可见范围设置、语音评论权限设置、敏感词设置、管理员设置、红包发放权限设置、观众匿名设置等，这些功能都需要主播在开播前按需设置完成。

而用户视角的测试比较简单，主播进入直播间后可以查看直播画面、声音、弹幕等情况，确定都没有问题后，即可完成测试。

课堂讨论

在条件允许的情况下，尝试在一个熟悉的直播平台进行直播软件的调试。

思考与练习

1. 简述直播营销的工作流程。

2. 一场直播需要投入哪些成本？

3. 简述整场脚本的策划步骤。

第6章
直播营销的商品规划

【知识目标】
（1）了解直播间的选品方法。
（2）了解直播间商品的价格策略。
（3）了解直播间商品的配置策略。

6.1 直播间的选品方法

直播间的选品，即确定直播间要销售的商品。选品，决定着直播间口碑的好坏和营销的成败。因此，直播团队进行选品时不可跟风，要根据自己的情况仔细分析、认真筛选。

▶▶▶ 6.1.1 选品的三个维度

通常情况下，直播团队选品时需要从直播营销目标、市场需求、季节与时节三个维度进行考虑。

1. 直播营销目标

直播团队在不同的阶段可能会有不同的营销目标。例如，在缺乏影响力时，直播团队可能希望先通过定期的高频率直播来提升主播和直播间影响力；而已经拥有一定粉丝量的直播团队可能更希望尽快获取更多的营销收益。

对于不同营销目标，直播团队采用的选品策略也不同。

希望打造主播影响力的团队，在选品时，更需要考虑的是"在直播间销售什么商品更有利于提升主播影响力"而不是"销售什么商品能盈利多少"。对于这样的营销目标，直播团队在选品时就需要多考虑商品的代表性特征，尽可能寻找在行业中具有品质代表性但销量相对不高的高端商品；或者选择能引发用户热烈讨论的商品。例如，2020年4月1日，薇娅在直播间卖火箭，火箭原价为4500万元，直播间售价为4000万元，随后，"薇娅卖火箭"登上了各大平台的"热搜"。"卖火箭"虽然是一个多方"共谋"的营销事件，但却为薇娅带来了真实的高关注。

而追求利益的直播团队，就需要挑选利润大、能够吸引用户经常购买的商品。

2. 市场需求

市场需求，通俗而言，就是判断有多少人在多大程度上需要一个商品。判断市场需求有两个维度，一个是需要使用的人数，另一个是需要使用的程度。

需要使用的人数多，那就是大众需求；否则就是小众需求。

需要使用的程度高，即非用不可，花钱买也要用，那就是"硬需求"，也是通常所说的"刚需"；相反，可用可不用，"贵了不用，便宜才用"甚至"免费才用，不免费不用"，那就是"软需求"。

很明显，直播团队挑选"大众刚需"型商品，最有利于商品的销售。

一般情况下，"大众刚需"型的商品，因为市场需求量大，市场竞争也会比较激烈，甚至竞争格局已经趋于稳定。这样的市场虽然潜力大，但从零开始的新手直播团队想要突然闯进来并迅速占领一席之地并不容易。因此，即使直播团队挑选的是很多直播间都在销售的"大众刚需"型商品，也需要尽可能让自己的直播营销策略拥有一些独特之处。例如，直播团队选择与主播人设匹配的商品，或者提高商品的更新频率，或者进一步优化商品的外观等。

3. 季节与时节

直播营销中的很多"大众刚需"型品类都会受到季节和时节的影响呈现旺季和淡季之分。对于这些商品，直播团队需要对以下问题予以判断：多久更新一次商品？在什么时间淘汰什么商品？在什么时间进行直播间的清场促销？在什么时间对直播间商品进行整体更新换代？等等。

例如，对于服装类的商品，直播团队在夏天最适合销售的是连衣裙、短袖衬衫、T恤、防晒帽，而过季的风衣、外套和反季节的羽绒服显然就不合适。过季服饰虽然可能有人买，但显然不会成为"爆品"。因此，在选择服饰类商品时，直播团队就需要考虑什么时间上架夏装，什么时间进行春装清场促销，什么时间开展夏装大促，什么时间进行夏装清场促销等。

课堂练习

看一场知名主播的"带货"直播，看一看其选品有哪些独特之处。

▶▶▶ 6.1.2　选品的用户思维

不同的用户群体，有不同的消费偏好。直播团队只有把握直播间用户的消费偏好，按需选品，才能更容易实现营销目标。

1. 不同年龄用户群体的消费偏好及选品特点

如果按照年龄层的不同进行划分，可以把用户群体分为少年、青年人、中年人和老年人四个群体，各自的消费偏好如下。

（1）少年

少年基本上没有消费能力，几乎所有消费需求都由父母来代为实现。但他们有自己的消费偏好，喜欢跟随同龄人的购买行为，且受视觉化宣传的影响较大。在进行商品选购时，不太考虑实际需求，更看重商品的外观，认为新奇、独特的商品更有吸引力。

如果直播间的目标用户群体是少年，直播团队需要多选择一些新奇、独特的商品，并在直播间进行具有视觉美感的展示。

（2）青年人

青年人追求时尚和新颖，喜欢购买能代表新生活方式的新产品。他们的自我意识较强，很多时候，都力图表现自我个性，因此喜欢购买一些具有特色的、体现个性的商品。青年人为人处世一般更偏重感情，容易产生冲动型消费。

如果直播间的主要用户群体是青年人，那么直播团队需要多选择一些时尚和新颖商品。

（3）中年人

中年人的心理已经比较成熟，在购买商品时，更注重商品的内在质量和性能。由于中年人在家庭中的责任重大，他们很少会做出冲动型、随意型消费，多是经过分析、比较后才做出消费决定。在实际消费前，他们会对商品的品牌、价位、性能进行充分了解，在实际消费时，往往按照计划购买，很少有计划外的消费和即兴消费。

中年人更关注其他人对商品的看法，偏爱大众化的商品，而不是个性化的商品。他们有时也会被新产品所吸引，但会考虑新产品的实用性。他们对商品的推荐有一定的判断能力和分析能力，不会轻易被广告、导购诱导。

如果直播间的主要用户群体是中年人，直播团队可以选择比较实惠、有口碑的、大众化的商品。

（4）老年人

老年人由于生活经验丰富，很少感情用事，消费也更偏向理性。他们量入为出，偏向节俭，在购买前，对商品的用途、价格、质量等方面都会进行详细了解，而不会盲目购买。他们已经养成自己的生活习惯，对于使用过的商品和品牌更加信任，因而会重复购买。

如果直播间的主要用户群体是老年人，质量可靠且价格实惠的商品更容易赢得他们的信任，从而引发他们的重复购买和引荐购买。

2. 不同性别用户群体的消费偏好

如果按照性别来划分，可以把用户群体分为男性用户和女性用户两个群体。两个群体的消费偏好分别如下。

（1）男性用户

男性用户一般更善于控制情绪，处理问题时更能够冷静地权衡各种利弊因素。他们能够从大局着想，而不愿意纠结于细节。这种特点体现在消费上就是他们往往没有"选择困难症"。一旦建立购买需求，他们往往会立即做出购买行为。即使购买因素比较复杂，他们也能够果断处理，迅速做出选择。

男性用户往往有更强的自尊心，不愿给人留下"斤斤计较"的印象，因而购买商品也只是询问大概情况，不喜欢研究商品细节，更不愿意花很多时间去比较、挑选，即使买到的是不太满意的商品，只要"不影响大局"（能用），也不愿意去计较，很少退货。

男性用户的消费行为往往不如女性用户频繁，购买需求也不太强烈。在很多情况下，他们的购买需求是被动的，如受家人嘱托、同事朋友的委托或工作的需要等。在这样的购买需求下，他们的购买行为也不够灵活，往往是按照既定的商品要求（如指定的品牌、名称、式样、规格等）来购买。

此外，男性用户的审美往往与女性用户不同。对于自己使用的商品，他们更倾向于购买有力量感、科技感等男性特征明显的商品。

如果直播间的目标用户群体是男性用户，那么，质量可靠、有科技感、极简风格的商品，可能更容易让他们做出购买决策。

（2）女性用户

女性用户是许多行业的主要消费群体，很多行业都非常重视女性用户的消费倾向。

女性用户一般喜欢有美感的商品。女性用户的"爱美之心"是不分年龄的，每一个年龄段的女性用户都倾向于用商品将自己打扮得更美丽一些。她们在选购商品时，首先考虑的是这种商品能否提升自己的形象美，能否使自己显得更加年轻和富有魅力。因此，她们偏爱造型新颖别致、包装华丽、气味芬芳的商品。在她们看来，商品的外观（色彩、式样）与商品的质量、价格同等重要。

女性用户购买商品时，往往不太关注商品的实用性，而更关注其情感价值。她们会受到身边朋友的影响，购买身边朋友都在购买的商品；也会受到"榜样"的影响，购买高档的商品，以彰显自己的身份和地位。她们容易被说服，经常做出计划外的购买行为。

如果直播间的目标用户群体是女性用户，那么，直播团队对于任何一个品类，都要尽可能选择包装华丽、造型新颖、外观精致、色彩明净、气味芬芳的商品。

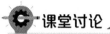

课堂讨论

你了解哪些属于不同消费群体的用户？他们之间的消费习惯有哪些不同之处？

▶▶▶ 6.1.3　选品的 6 个步骤

对于中小型的直播团队或新手直播团队，由于其缺乏自建品牌、自建供应链的能力，因而需要通过招商来进行选品。通过招商进行选品，一般有以下 6 个步骤。

1. 根据用户需求确定选品的细节

选品的第一步，是要根据用户需求确定选品的细节。例如，对于服装类商品，用户偏爱什么风格、什么颜色、什么用途的服饰；对于家居用品，用户希望满足商品什么样的基本功能，喜欢什么样的商品造型，对商品包装有什么样的要求等。

2. 查看法律风险

选品的第二步，是查看商品是否有法律风险。

对于某些商品品类，直播间是不允许销售的，直播团队应注意规避。例如，美瞳，即彩色隐形眼镜，已于 2012 年被列入第三类医疗器械用品，不允许在直播间销售。

另外，对于涉嫌抄袭原创设计品牌的商品，如果直播间上架销售，会影响主播和直播团队的声誉。因此，对于看起来像爆款的商品或自称独家设计的商品，直播团队要注意审查是否会涉及侵权。

3. 查看市场数据

选品的第三步，是查看商品的市场数据。

直播团队查看目标商品的市场数据，可以借助专业的数据平台来实现。在当下，直播团队常用的专业数据平台有"新抖数据""飞瓜数据"等。

直播团队在选品环节，要注意查看的数据是具体商品的"直播转化率"，即了解商品销量和商品关联直播访问量的对比。这个数据能够帮助直播团队判断目标商品的市场需求有多大。

此外，直播团队可以在推荐此商品的直播间查看该商品的"正在购买人数"。这是因为观看直播的用户如果对商品感兴趣，很可能会进行"点击购物车查看商品详情"的操作，这个操作就会通过直播中出现的"正在购买人数"弹幕来体现。由此可见，"正在购买人数"能够较为准确地反应直播间用户对于该商品的兴趣。

4. 了解专业知识

选品的第四步是了解商品所属领域的知识。一方面，在竞争激烈的市场环境中，直播团队只有尽可能多地了解目标商品所属领域的专业知识，才可能把握商品的生命周期，在有限的时间内挖掘出商品的全部信息。另一方面，在当前市场几近透明的状态下，如果直播团队对商品有较强的专业认识，即使所销售的商品在直播平台竞争激烈，也能赢得用户的信任和支持。

5. 精挑细选，反复甄选

选品的第五步，是反复且细致地甄选。根据二八法则，20%的商品一般能带来 80%的销量。直播团队的甄选目标是要尽可能地发掘出畅销的 20%的商品。在这个筛选过程中，直播团队的专业程度决定筛选结果。

6. 品类升级

任何一款商品，都是有生命周期的。在直播间，今天的爆款商品，明天或许会被市场淘汰；今天发现的新品，明天或许就会被其他直播间跟风销售。对于直播团队来说，爆款商品被淘汰、"被跟风销售"是无法避免的。因此，直播团队在获得用户的支持之后，要及时地进行品类升级。

品类升级的方式有两种，一种是获得"独家销售权"，当直播团队获得"独家销售权"后，竞争团队就无法找到同样的货源，自然无法跟风销售；另一种方式是进行包装升级，直播团队可以在商品的包装上加上特有的标志符号，或者推出独有的套装。

课堂练习

想一想，如果直播团队选择一款水杯进行"带货"直播，那么在选择这款商品时需要考虑哪些因素。

6.2 直播间商品的定价策略

当前的直播营销模式，更偏向于传统营销中的短期促销模式。这也意味着，直播间商品的价格，只有比实体门店、电商平台旗舰店等零售渠道的商品价格更低，才能吸引用户在直播间完成消费。因此，确定直播间的商品定价，也是极为重要的工作。

6.2.1 单品的定价策略

在直播间，商品的价格越低，用户的购买决策过程越短，越容易触发冲动型消费。也正是因为这个道理，即使是薇娅的直播间，也有很多商品的单价在 100 元以下。

那么，一款商品应该设置什么样的价格？接下来，介绍几种定价策略。

1. 价格锚点策略

价格锚点策略，即根据其他商品的价格来设定所推荐商品的价格。

从用户的角度看，用户在不确定一个商品的价格是否"划算"时，就会参考其他同类商品的价格。如果有三款同类商品，且三款商品有三种不同的价格，用户一般倾向于选择价格居中的商品。因为对于最便宜的商品，用户会担心其质量不好或性能不高；而对于最贵的商品，用户会觉得其缺乏性价比，若购买就"吃亏"了。

因此，如果其他直播间也在销售同一款商品，直播团队要注意收集其他直播间的实际销售价格。在没有获得足够的用户信任和支持时，不宜设定"全网最高价"，也不宜设定"全网最低价"，而应该设定稍低于主要竞品直播间的商品价格，这样既能吸引用户的注意力，又能在用户购买使用后增强用户的信任度和黏性。

如果一款商品是直播间独有的，品牌还没有什么知名度，无法让用户做出价格判断，那么直播团队就可以根据知名品牌的同类商品价格来设定直播间该商品价格。此时，由于新品牌缺乏品牌影响力，直播团队需要设定远远低于知名品牌的价格，以吸引用户尝试。

2. 要素对比策略

用户购买一个价格更高的商品，往往会考虑各种因素。因此，若直播团队设定更高的价格，就需要为用户提供一个直观的关键要素对比表。例如，对于手机、计算机、生活电器产品，直播团队可以提供硬件配置对比表；对于服饰类产品，直播团队可以提供用料对比图、工艺对比图等。当用户看到差异时，就会倾向于购买"更好"的那款商品。

3. 非整数定价策略

非整数定价策略，即直播团队设定的商品价格以 9 或 8 结尾，而不是以 0 结尾。非整数价格，对用户有以下 3 方面的心理影响。

首先，非整数价格会让用户觉得这种价格经过精确计算，是有依据的，而不是"漫天要价"，因而更容易产生信任。

其次，非整数价格与整数价格的实际差别不大，却会给人一种便宜很多的感觉，更契合用户追求便宜的心理愿望。例如，99 元和 100 元实际只差 1 元，前者容易被说成"几十元钱"的范畴，后者却会被认为是"百元"的范畴。

最后，很多用户在看到商品价格时并不会认真去思考，多是"瞄一眼"，就会进入是否购买的决策环节。这种"瞄一眼"，很可能只看到了左边位数的数字，自动忽略了右边的末位数字。例如，一件商品的价格为 99 元，用户在"瞄一眼"之后可能会认为这个商品的价格"更靠近 90 元"，而不是理性思考后觉得这个商品的价格"已经接近 100 元"。

不过，对于折扣后的商品价格，如果是非整数，就需要抹去"零头"。例如，如果商品的价格为 199 元，打 3 折后商品的价格应该是 59.7 元，此时主播若是直接说："先打三折再抹零，一口价 59 元"，更容易让用户感觉实惠，增强用户的购买意愿。

4. 阶梯定价策略

阶梯定价策略，即用户每增加一定的购买量，商品的价格就降低一个档次。采用这种定价策略，可以吸引用户增加购买数量。

阶梯定价策略适用于食品、小件商品和快消品。例如，某商品在其他渠道的销售价格为 59 元，在直播间的销售价格是：第一件 39 元、第二件 29 元、第三件 19 元、第四件 0 元。在这种逐渐降低的阶梯价格模式下，用户会觉得买得越多越划算，从而直接选择购买 4 件。

采用这样定价策略，主播可以通过相关话语进行引导，如"建议数量填 4，4 件一起拍更划算""4 件一起拍，总价 87 元，平均每件不到 22 元"，会带给用户更强烈的价格冲击。

此外，商品价格不是一成不变的，直播团队需要时刻分析市场动态，根据市场变化及时调整商品价格。

课堂练习

看一场知名主播的"带货"直播，看一看直播间的商品价格如何，主播是如何介绍商品价格的。

▶▶▶ 6.2.2 组合商品定价策略

组合商品定价策略，即将两种或两种以上的相关商品捆绑打包后进行销售，并设定一个合理的价格。

组合商品定价策略有两种常用模式：买赠模式和套装模式。

1. 买赠模式

买赠模式，即为所销售的商品设定一个价格，同时免费赠送一个其他商品。最适宜的赠品是用户使用购买的商品时会用到的附属商品。

例如，主播在直播间销售卸妆水，就可以将卸妆棉作为赠品；销售毛衣，可以将毛衣链作为赠品；销售手机，可以将手机壳和贴膜作为赠品；销售咖啡，可以将咖啡杯和勺子作为赠品等。

采用这样的定价模式，可以给用户带来一种贴心的感觉。因此，即使买赠模式下商品价格更贵一点，用户一般也能接受。当然，高出来的"差价"不能超过赠品的价格。

需要注意的是，采用买赠模式时，赠品应该在直播过程中多次出镜，由主播亲自使用，以增强用户对赠品的记忆及对赠品价值的认可。

2. 套装模式

套装模式，即直播团队将不同的商品放在一起组成一个套装，为套装设定一个价格。

例如，直播团队想要销售的商品为 99 元的衬衫和 59 元的裙子。若是单品销售，用户可能会觉得裙子的价格更换算，衬衫的价格没有竞争力，用户会在直播间购买裙子，而去其他渠道购买衬衫。但是，如果直播团队可以搭配一套包括衬衫、裙子、墨镜、帽子和配饰的夏装，并设定一个套餐价格：158 元。同时，主播用话术进行引导：衬衫 79 元，裙子 79 元，墨镜免费，帽子免费，配饰也免费，套装里一套五件，三件免费，总价 158 元。这样的价格，一方面让用户从感觉上认为衬衫的价格降低了，另一方面，直播团队提前做好的套装搭配，能节省用户的搭配时间，对于不擅长服饰搭配的用户来说，更有意义，因而用户更愿意购买。

需要注意的是，直播团队无论采用买赠模式还是套装模式，组合中的任何一件单品，其用户定位都需要是一致的，不能因为附带赠品而随意降低单品的品质。

课堂练习

看一场知名主播的"带货"直播，看一看直播间所销售的组合商品是如何搭配和定价的。

6.3 直播间商品的配置策略

直播间商品的配置，是指直播团队根据商品在直播间的功能、销量和用途的差异将商品划分为多种类型，将不同类型的商品进行合理配置，从而实现直播间的营销目标。

▶▶▶ 6.3.1 按商品在直播间的功能划分

按照商品在直播间功能的不同，直播间展示的商品可以被分为印象款商品、引流款商品、利润款商品、"宠粉"款商品四种类型，在整个营销的过程中，这四种商品发挥着不同的作用。

1. 印象款商品

印象款商品，即能给用户留下第一印象的商品。这种商品一般是用户在直播间达成第一笔交易的商品，其价格、质量、特点都将会直接决定用户对主播、直播间及直播间商品的整体印象。如果用户对印象款商品产生的印象良好，很可能会再次光顾直播间。因此，直播团队在为直播间选品时，需要认真挑选印象款商品。

直播团队一般需要选择性价比较高、客单价较低且实用的常规商品作为印象款商品。例如，以美妆商品为主的直播间可以选择化妆刷、面膜等作为印象款商品，以女装商品为主的直播间可以选择打底衫、配饰等作为印象款商品，以生活用品为主的直播间可以选择纸巾类商品作为印象款商品。

在直播间的商品配置中，印象款商品的比例可设置为20%左右，不宜过高。

2. 引流款商品

引流款商品，就是吸引用户在直播间停留的商品。为了吸引用户进入直播间并观看直播，引流款商品需要具有吸引力的低价。当然，用户来到直播间，并不意味着会购买商品。要想吸引用户购买，引流款商品除了低价外，还需要让用户觉得"用得到"。这意味着，直播团队需要选择覆盖人群广的大众化商品作为引流款商品，并为其设置一个几乎不需要决策成本的低价，如1元、9.9元等。

在直播间，引流款商品一般在直播开始阶段被推荐。直播团队可以先用极低的价格吸引用户，再用限时秒杀的方式快速提升直播间的购物气氛，为直播营销打造一个效果良好的开端。

3. 利润款商品

利润款商品也叫"跑量"款商品，是指直播团队通过薄利多销的"跑量"方式来增加直播间的收益和整体利润。因此，利润款商品是直播间重点推荐的商品。在一场直播中，利润款商品可以多一些，达到 50%以上。

利润款商品虽然影响着直播间的销售收入，但价格不宜过高。如果想要带动直播间的销量，利润款商品的品质要让用户感到满意，定价要让用户感到实惠。因此，直播团队可以选择知名品牌的单品作为利润款商品，也可以选择知名品牌的套装商品作为利润款商品。在定价方面，直播团队也要尽可能吸引用户增加购买数量。例如，可以设置"500mL 的××牌洗发水，59 元买一发二""××推荐图书套装，79 元 5 本书"等。

4. "宠粉"款商品

"宠粉"款商品，也叫专属福利款商品，是直播团队为加入粉丝团的用户专门提供的商品。直播间的其他用户只有加入粉丝团后，才有机会抢购"宠粉"款商品。"宠粉"款商品的特点也是低价、高品质。有的"宠粉"款商品是直播团队免费送给粉丝的；有的"宠粉"款商品，是直播团队将某一款比较有知名度的商品以极低的价格限时出售给粉丝的。例如，正常售价为 99 元的××商品，粉丝团的用户可以参与 1 元限时秒杀，限量 2000 件。

直播间销售"宠粉"款商品，从收益来看，很可能是亏本的。其存在的目的是提升粉丝对直播间的黏性，瞬间提升直播间的购物气氛。因此，即使是亏本销售，直播团队也应保证"宠粉"款商品的质量。

通常情况下，一场直播可以设置较高比例的利润款商品。利润款商品的推荐可穿插在印象款商品、引流款商品和"宠粉"款商品的推荐之间。例如，先推荐引流款商品，以快速提升直播间的流量，并激活直播间的购买氛围；当直播间的人气通过引流款商品得到很大的提升后，再推出印象款商品和利润款商品，以提高直播间商品销量；当直播间的用户略感厌倦时，再推出"宠粉"款商品，再次激发直播间用户的购买热情。

当然，这种推荐路径并不是固定的，直播团队可以根据直播经验进行适当调整。

课堂讨论

看一场知名主播的"带货"直播，记录全场商品的推荐顺序，想一想这个推荐顺序有什么特点。

▶▶▶ 6.3.2 按销量划分

根据直播间一定时间的商品销售数据，直播间的商品可分为畅销商品、主打商品、潜力商品 3 个类型。

1．畅销商品

畅销商品是支撑直播间销量的商品。畅销商品一般是有时效性的，往往只能给直播间带来短期的突出销量。火爆之后，销量会下滑，甚至成为需要被淘汰的滞销商品。例如，春节前，春联非常畅销。但是等过了这个时期，春联的销量可能就会锐减，也就不再适合销售了。

因此，在畅销商品的选择上，直播团队要注意时机的把控。

2．主打商品

主打商品是支撑直播间利润的商品。主打商品一般是持续热销的商品，时效性不强，在全年内都有不错的销量，一般不会受到季节的影响。

销量高、用户评价好、符合主播人设、符合直播间风格的商品适合作为主打商品，这样的商品也可以看作代表主播和直播间的形象商品。

3．潜力商品

潜力商品是未来可能会成为畅销商品或主打商品的商品。从另一个角度看，潜力商品也意味着商品本身或商品的销售方式还有一些不足的地方。

直播团队一般可以通过用户评价来寻找潜力商品。通常情况下，潜力商品的评分可能是中等偏上。例如，商品的满分为 5.0 分，潜力商品评分可能会在 3.0～4.5 分。

对于潜力商品，直播团队要认真查找用户的好评和差评的内容，了解哪些方面是让用户满意的，是需要保持的；哪些方面是用户不满意的，是需要改进的。相对来说，用户对潜力商品感到"不满意"的地方，直播团队进行弥补后，可能会成为这类商品在未来占据市场的优势。

课堂讨论

观看一场知名主播的"带货"直播，看一看最快售罄的商品是什么，并想一想其快速售罄的原因。

▶▶▶ 6.3.3 按用途划分

按照不同的用途，直播间商品可以分为三类，即抢拍商品、基础商品和利润商品。

抢拍商品的特点是低价、限时、限量，是需要用户在限定时间内快速完成抢购的商品；基础商品又称经典商品，其特点是销量大且稳定、评价好，用户往往不需要经过太多思考就会进行购买；利润商品则是指那些利润空间较大的商品，是直播间的主要盈利商品。

在一场直播中，直播团队既要保证商品的销量，又要打造直播间互动气氛，让用户始终保持购买热情，就需要将这三类商品进行组合销售。一般情况下，组合方式有以下两种。

1. 一款抢拍商品+一款基础商品+一款利润商品

在这个商品组合模式下，抢拍商品一般在直播开播初期被推荐，用于获取流量及打造气氛。等直播间拥有一定的流量基础后，再适时推出覆盖用户群更广的基础商品。当流量进一步增加达到顶峰时，便可以推出利润商品。采用这样的商品组合，能够保证利润商品得到最大程度的转化。

2. 一款抢拍商品+一款利润商品+两款基础商品

这种商品组合模式和第一种商品组合模式类似，初期主要依靠抢拍商品获取流量。

在直播开始阶段，当直播间用户达到一定的数量时，主播可以推出一款抢拍商品，以快速提升直播间的购买气氛，实现第一波商品的销售转化。接下来，直播间的流量一般会处于比较活跃的状态，流量也会达到一个小顶峰，此时，可趁机推出一款利润商品。在利润商品之后，再推出两款经典基础商品，以吸引更多用户在直播间产生购买行为。

课堂讨论

从你个人的角度想一想，什么样的商品可以作为抢拍商品？

 思考与练习 ••••

1. 如何根据不同的用户群体进行直播间选品？
2. 简述直播间选品的步骤。
3. 直播间商品的单品定价策略有哪些？
4. 直播间组合商品的定价策略有哪些？
5. 按照商品在直播间功能的不同，可以将直播间商品分为哪些类型？各有什么作用？

第7章
直播前的引流预告

【知识目标】
（1）了解直播引流的渠道和时机。
（2）了解直播引流的内容设计。
（3）了解不同平台的付费引流方法。

7.1 直播引流的渠道和时机

直播引流，即直播团队通过一些方式为直播预热，让用户提前了解直播的内容，以便对直播感兴趣的用户在直播开播后进入直播间，增加直播间的在线人数。

》》》7.1.1 直播引流渠道

直播引流渠道，有私域流量渠道和公域流量渠道之分。直播团队可以通过在私域流量渠道和公域流量渠道共同进行直播宣传，快速提升直播活动的热度。

1. 私域流量渠道

直播团队可以进行直播引流的私域流量渠道有电商平台店铺、微信公众号、微信朋友圈和社群等。

（1）电商平台店铺

拥有淘宝店铺（含天猫店铺）、京东店铺、拼多多店铺等电商平台店铺的直播团队，可以在店铺首页、商品页、商品详情页等宣传直播信息，以便关注店铺的平台用户了解直播信息，图7-1所示为人民邮电出版社官方旗舰店的直播预告。

点淘 App 是淘宝直播的官方平台，即使没有淘宝店铺的直播团队，也可以在其账号页面中设置直播预告，以便关注直播账号的用户了解直播信息。例如，图 7-2 所示为李佳琦 Austin 在点淘 App 中的直播预告。

图 7-1　人民邮电出版社官方旗舰店的　　　图 7-2　李佳琦 Austin 在点淘 App 中的
　　　　　直播预告　　　　　　　　　　　　　　　直播预告

（2）微信公众号

直播团队可以在微信公众号中以长图文的形式介绍直播信息，同时插入贴片或海报，更清楚地说明直播的时间和主题。例如，李佳琦会在微信公众号中推送直播预告文章，并在文章中以海报的形式介绍直播间所要推荐的商品，如图 7-3 所示。

图 7-3　李佳琦 Austin 在微信公众号中发布的直播预告

（3）微信朋友圈

直播团队可以在每个成员的微信朋友圈发布与直播相关的图文动态，作为直播预告。例如，秋叶大叔每次直播前，秋叶团队的运营人员都会在其微信朋友圈发布图文形式的直播预告，如图7-4所示。

图7-4　在朋友圈发布直播预告

（4）社群

直播团队可以创建自己的粉丝群，在开播前，将直播开播信息发布在粉丝群内，以引导粉丝到直播间观看直播。预告方式可以是短视频，也可以是宣传图，还可以是文字。例如，秋叶团队在开播前会在社群内发布多种形式的直播预告，如图7-5所示。

图7-5　在社群内发布直播预告

2. 公域流量渠道

公域流量渠道，即平台渠道。常用的公域流量渠道包括抖音、快手、视频号等短视频平台，以及微博平台。

（1）短视频平台

在开播前3小时，直播团队可以在抖音、快手、视频号等短视频平台发布短视频来预告直播信息。利用短视频发布直播预告的方式主要有以下两种。

第一种方式是由"常规的短视频内容+直播预告信息"制成的短视频，即直播团队发布含有直播信息的短视频。例如，抖音平台刘嫒嫒的账号，每天会发布一则常规短视频，短视频的内容可能跟直播无关，但会在短视频中向用户预告直播信息，如图7-6所示。采用这种直播预告的方式，基本上不影响短视频平台用户的观看乐趣，可为主播和账号吸引更多的新粉丝。然而，这样的短视频只是预告了直播时间，并不能充分预告直播内容，不太容易做到为直播引流。

当然，如果直播团队有一定的短视频策划能力，能根据直播内容和直播主题创作出能兼顾优质内容和引流目标的短视频，就可以用有趣的内容吸引短视频平台的用户，同时也能较为准确地传达直播内容。

第二种方式是以直播预告为主要内容的短视频，即"纯直播预告式"的短视频。例如，李佳琦团队在抖音平台发布的直播预告，几乎都是"纯直播预告式"的短视频，如图7-7所示。采用这种预告方式，可以进一步加深主播的"专业带货"人设，也能充分展示直播"带货"的核心内容，能够吸引对直播内容感兴趣的用户去观看直播。从这个角度来看，这种方式是一种极有引流价值的直播预告。

图7-6 含有直播信息的短视频　　图7-7 "纯直播预告"式的短视频

（2）微博平台

一些电商平台的主播可以在微博平台进行直播宣传预热，吸引微博用户到直播间观看直播。例如，李佳琦一般会在微博平台发布直播预告，如图7-8所示。

直播团队也可以在微博平台开通一个"××（主播名字）直播官方微博""××（主播名字）直播预告小助手"等名称的账号，专门发布直播预告内容。例如，"李佳琦直播官方微博"账号会预告李佳琦直播的商品清单（见图7-9），方便感兴趣的用户去直播间"蹲守"自己想要的"好物"。

由于微博和淘宝属于合作关系，直播团队可以将淘宝直播的直播信息发布在微博平台上。例如，薇娅在微博平台发布的淘宝直播信息，会显示"直播中"，如图7-10所示，方便用户直接进入直播间观看。

图7-8　在微博平台发布的直播预告

图7-9　预告直播的商品清单

图7-10　薇娅在微博平台发布的淘宝直播信息

课堂讨论

　　想一想，你和你的朋友们通常从什么渠道了解直播信息。

▶▶▶ 7.1.2　直播引流时机

直播预告的发布时间，应该与平台用户的活跃时间一致，且直播团队要注意直播预告与直播开播的间隔时间。

1. 引流内容发布的时间

一般情况下，19:00—21:00 是大多数上班族的休息时间，他们更可能在这个时间段观看直播，因此，这个时间段往往是直播间人数较多的时候，也是很多主播首选的开播时间。

不过，直播预告并不需要直播团队在这个时间段发出。由于直播预告的目的是引流，因此，直播团队需要在直播开播前就让目标用户看到直播预告。

直播团队发布直播预告的提前时间不能太长，否则很容易让用户遗忘；但也不能太短，否则可能会影响预热效果。直播团队可以在正式直播前 1～3 天发布直播预告，为直播间引流。采用这样的时间节奏，有以下两个方面的优势。

一方面，由于网络热门信息的发酵期是 2～3 天，在这段时间内，看到信息的用户会达到顶峰。此时，主播再开始正式直播，可以有效避免信息热度的衰退。

另一方面，直播团队提前 1～3 天预告，可以给主播及其团队成员一些时间准备应对突发情况的预案。直播团队可以在此期间了解用户对直播的期待程度，及时调整直播方案；也可以避免被突然爆发的网络热点完全掩盖直播信息，同时给被网络热点吸引的用户一个合理的缓冲期。在提前做好直播预热的前提下，直播前即使会发生一些突发状况，直播团队也只需要调整小部分的计划，即可从容应对。

由于短视频平台、微博、微信公众号、朋友圈等都可以成为主要的直播预告平台，因此，直播团队需要了解这些平台的用户活跃时间，并在用户活跃时间发布直播预告信息。

根据经验，直播预告的最合适发布时间是用户活跃峰值前约半小时，这样可以给用户更多的反应和转发时间。

此外，直播团队还需要注意：直播预告的发布时间一般不宜选在周末两天。因为这是很多平台内容发布的高峰时期。例如，微信公众号、微博等平台上的创作者会在周末发布较多的文章和短视频。直播团队发布预告内容要注意避开这个内容发布高峰期，以免被太多信息淹没。

2. 引流内容发布的节奏

引流内容发布的节奏，也影响着引流的效果。

罗永浩在抖音平台的首场直播预告，其模式即如手机品牌的新品发布会一样，逐步放出消息，不断激发用户的好奇心。

表 7-1 所示为罗永浩首场直播的直播预告节奏。

表 7-1　罗永浩首场直播的直播预告节奏

平台	形式/内容	发布节奏/时间点	意义
微博	悬念式倒计时海报	每天 2 条	设置悬念，激发好奇心
	抖音视频同步分发		多平台分发，避免流量丢失
	合作品牌逐步官宣	临开播前 3 天	整合品牌资源，进一步造势
抖音	悬念问题真人解答	每天 1 条	多为反问句，激发好奇心
	抖音热门话题挑战		借助抖音话题，加大扩散
	抖音平台话题扶持	从入驻到开播前	引发自媒体大号的关注和讨论，做大话题
	罗永浩直播间推荐入口	开播前至结束	对直播间持续曝光、引流

在这样有计划的直播预告之后，2020 年 4 月 1 日 20:00，罗永浩在抖音开启了他的首场直播，据抖音官方数据，这场直播创下了抖音平台 4 月前已知的最高变现纪录：累计观看人数达 4875.4 万，销售额达 1.1 亿元，抖音音浪收入达 360万元。

可见，在开播前 3～5 天，直播团队就可以根据不同平台的特点与用户属性，开始有节奏地进行直播宣传。宣传形式可以多元化，直播团队需要不断用新的内容持续激发用户的好奇心，保持话题的热度。

3. 大型直播营销活动的预告时间

大型直播营销活动的直播预告时间，可能会跟普通直播营销的预告时间不太一样。如果直播团队希望进行一场规模较大的、影响力较广的直播营销活动，可以考虑在以下四个时间点进行宣传。

（1）提前一周

如果是一场新品推荐直播，直播团队可以提前一周在发布的短视频、图文中设定一些直播信息线索。例如，直播团队可在短视频中谈及跟新品特点相关的话题，或者在短视频中展示一段新品的生产视频，并在视频结尾说明"即将推出新品"的信息。

（2）在开播的前三天

在开播的前三天，直播团队需要发布一则短视频或图文来透露更多的新品信息和直播信息，其中包括优惠信息、开播时间和开播平台、邀请了哪些有知名度的直播嘉宾等。

（3）开播前一天

开播前一天，直播团队需要发布一则新品视频，在视频中提示观看的用户在留言中说一说对新品的看法，在视频结尾处再次展示明确的直播时间和直播平台，并邀请用户光临直播间。

（4）开播前半小时

直播团队需要在开播前半小时进行最后一次直播预告。预告中，直播团队需要介绍直播主题、核心内容，以及告诉用户"直播间有福利、有惊喜"，再次邀请用户光临直播间。

 课堂讨论

找一个你感兴趣的直播，看看其团队都是在什么时间以什么方式发布了直播预告信息。

7.2 直播引流的内容设计

引流内容决定引流效果，优质的引流内容可以为直播间创造巨大的营销价值。直播团队需要尽可能地从引流标题、引流短视频和引流文案 3 个方面创作出有创意且贴合直播内容的引流内容。

▶▶▶ 7.2.1 引流标题的设计

从网络上获取信息，无论翻阅微信朋友圈、查看微博热门话题榜，还是浏览新闻网站，用户最先看到的都是标题，而且只会对与自己相关的标题感兴趣。因此，对于承担着宣传目标的引流内容来说，标题的设计是非常重要的。

1. 引流标题设计思路

同样的内容，采用不同的标题所达到的效果会相差很多。直播团队对引流内容的标题设计，可以从吸引力、引导力、表达力 3 个维度进行思考。

首先是吸引力。用户只会关注自己感兴趣的内容，为了吸引用户观看引流内容，设计的引流标题需要贴合目标用户的阅览兴趣。为了抢夺用户的注意力，引流标题需要有吸引力。

其次是引导力。有引导力的标题能引导用户点击标题并浏览正式内容。

最后是表达力。很多用户会出于各种各样的原因只看标题而不看内容，或者不看完内容。能够概括核心内容的引流标题，能让没时间看完内容的用户快速感知内容的要点。

优质的标题，往往不是一蹴而就的。为了创作出有爆款文章或爆款短视频倾向的引流内容，直播团队需要对标题反复设计与优化。

2．引流标题设计方法

引流标题的设计也是有方法的。采用以下七种方法，比较容易设计出有吸引力的标题。

（1）数字化

数字化标题，即将内容中的重要数据或思路架构整合到标题中。数字化标题一方面可以利用吸引眼球的数据引起用户注意，另一方面可以有效提升标题阅读的效率。例如，"10个容易被忽略的Excel小技巧，超实用""如何写故事，看这5本书就够了""4个穿搭小技巧，职场人一定要学好"等。

（2）人物化

在互联网世界，信任是很多行为的基础。很多人会先考虑来自好友推荐的商品，其次是专业人士推荐的商品，最后是陌生人推荐的商品。基于此，如果引流的内容中涉及专业人士或名人的观点，那么直播团队可以将其姓名直接拟入标题，如"读书PPT：向杰克·韦尔奇学商业管理""秋叶：如何从单杠青年到斜杠青年"等。

（3）历程化

真实的案例比生硬的说教更受欢迎。在标题中加入"历程""经验""复盘""我是怎样做到"等字眼，可以引起用户对于真实案例的兴趣，如"我如何把网络课程卖出1000万元"等。

（4）体验化

体验化语言能够将用户迅速拉入内容营造的场景，便于后续的阅读与转化。直播团队可以在标题中加入体验化语言，包括"激动""难受""兴奋"等情感类关键词及"我看过了""读了N遍""强烈推荐"等行为类关键词，引导用户的情感，将用户迅速拉入观看内容的场景中，如"一段小视频，上百万人都看哭了！""这一位很厉害的喜剧大师，我一定要推荐给你"等。

（5）稀缺化

对于稀缺的商品或内容，用户普遍容易更快做出决策，从而点击浏览或直接购买。直播团队可以在引流标题中提示时间有限或数量紧缺，以提高内容的浏览量。例如，"××课程马上涨价""快领！购书优惠券明天过期"等。

（6）热点化

体育赛事、节假日、热播影视剧、热销书籍等，都会在一段时间内成为讨论热点，登上各大媒体平台热搜榜。如果直播团队发布的内容可以与热点相关联，在标题中加入热点关键词，可以增加内容的点击量。例如，"不想当职场的×××，Excel这些快捷键必须会""PPTer版《后会无期》，各种戳，各种虐心""里约奥运约不起？××喊你直播间见！"等。

（7）神秘化

用户对于未知事物，通常有猎奇心理——越是神秘，越想一探究竟。引流标题也可以制造神秘，吸引用户注意力。要设计神秘化标题，可以在标题中添加"机密""内幕""奥秘""秘密"等词语，如"PPT模板的秘密，统一风格才是关键"。

课堂讨论

找一个你感兴趣的直播，看看其直播预告的标题有什么特点。

▶▶▶ 7.2.2 引流短视频的内容策划

引流短视频的目标有两个，首先是增加直播信息的曝光量，为直播间引流；其次是增加主播的粉丝量。

因此，直播团队进行引流短视频的内容策划，可以参考以下几种内容形式。

1. 以预告抽奖福利为主的短视频

直播团队可以拍摄一个以预告抽奖福利为主的短视频，时长只需要15秒左右，主要是以热情的方式告诉用户，直播间会送什么礼物给用户，呼吁用户光顾直播间抢福利。如果用户对福利感兴趣，就会在指定时间进入直播间。因此，在这种短视频中，福利必须要有足够的吸引力，直播团队需要尽可能地设置用户皆知的高价值的福利商品。

2. 符合直播主题的情景短剧类短视频

直播团队也可以根据直播主题策划一个情景短剧。情景短剧类短视频，一般由两人或多人一起表演，来表达一个有感染力的主题，激发用户的痛点，引发用户的情感共鸣，使其主动点赞、评论和转发。

在引流短视频的内容策划中，有感染力的主题包括以下几种。

（1）爱情。爱情是年轻人的热门话题，与爱情相关的内容，如单相思、表白等故事情节，年轻人都会多看几眼，而且会不由自主地把自己代入其中。

（2）创业。直播团队可以在短视频中展示那些成功背后大多数人所看不到的努力和艰辛，展示各行各业成功者光鲜背后的经历。

（3）逆袭。在短视频中，直播团队可以制造角色登场的前后反差，创造出与众不同的效果，从而撼动人心。

（4）家庭。直播团队可以在短视频中展示由于家庭成员的年龄和认知不同造成了行为错位，然后被一些方法巧妙地解决。

（5）亲情。亲情对各个年龄段的用户来说都是最容易触动其内心的情感。直播团队可以通过营造特定情境和情节，创作出能够展现亲情的短视频。

例如，李佳琦团队在点淘（淘宝直播）发布的预告式短视频——《新年给爸妈的第一份礼物》，就是根据直播主题，策划的一个表现亲情主题的短视频，如图7-11 所示，引发了很多用户在评论区评论"感动""想家"等。

图 7-11　李佳琦团队发布的情景短剧类短视频

3．以知识传播为主的短视频

干货类和技能分享类短视频是非常实用且容易"涨粉"的短视频类型，这类短视频包括 PPT 类短视频、讲解类短视频、动作演示类短视频和动画类短视频等。这类短视频有助于打造主播的"专业"人设。直播团队可以在这类短视频的结尾处加入直播信息。例如，直播团队可以用直播预告海报定格结尾，让用户看清楚直播的开播时间和福利。

由于直播信息在短视频结尾处，此类短视频要能吸引用户看完全部内容。这就要求这类短视频有 3 个特点：首先要通俗易懂，要能对用户起到很好的指导作用；其次是实用性要强，能够切实解决用户在工作或生活中遇到的问题或困难；最后是有独特风格，能够提高用户的观看体验，促使用户关注、转发和分享。

4．商品测评类短视频

商品测评是以商品为对象进行测评，先"测"后"评"，直播团队通过对某种商品进行使用体验，或者按照一定的标准做功能性或非功能性的检测，然后分析结果，做出评价，分享给用户，帮助用户从众多商品中筛选出质量有保障、体验感好、适合自己的商品，从而促成消费。

按照内容侧重点的不同，商品测评又分为两类：一类是严肃测评，比较注重"测"的部分，即利用科学的手段，有标准地进行专业性的检测，而"评"的部分也更多是基于理性的数据资料进行评论并提出建议；另一类是轻松测评，更注重"评"的部分，即基于感性的体验（如商品的外观、使用的顺畅度等）进行描述与评论，具有一定的表演性与娱乐性。

对于即将推荐的商品，直播团队可以先为其创作测评类短视频，在通过测评展现商品的优势后，再标明商品的直播时间，以吸引用户到直播间购买。图 7-12 所示为抖音账号"老爸评测"发布的直播预告式的测评类短视频。

图 7-12 "老爸评测"发布的直播预告式的测评类短视频

5. 实地走访类短视频

实地走访是指主播亲自到跟商品相关的实际场景中探访与体验，并将过程分享给用户。实地走访类短视频适用于餐饮（即"探店"）、旅游、"海淘"商品、农产品等，可以记录饮食的生产场景、景点的实际场景、海外商品的销售场景，以及农产品的生长环境,增强用户对直播间商品的信任,引导用户进行消费。图7-13所示为抖音账号"丽江石榴哥"发布的实地走访类短视频。

图7-13 "丽江石榴哥"发布的实地走访类短视频

6. 以直播片段为主的短视频

直播片段式短视频也是直播团队常用的引流短视频。直播团队通过拍摄即将直播的内容片段,介绍即将直播的商品,让用户提前感受直播场景,吸引用户在指定时间到直播间观看。图7-14所示为李佳琦团队发布的直播片段式短视频。

图7-14 李佳琦团队发布的直播片段式短视频

需要说明的是，短视频的创作形式有很多，以上介绍的几种是比较容易与直播内容建立连接的创作方式。只有短视频的内容与直播有较强的关联性，才更容易为直播间引流。

课堂讨论

找一个以预告直播为主题的短视频，看一看其内容有什么特点。

>>> 7.2.3　引流文案的撰写

引流文案需要解决用户的一个疑问：为什么要去看直播？为此，直播团队应给出直播间的特色，写出直播间能够为用户解决什么问题。在此基础上，通过促销活动、制造紧张感和稀缺感，引导用户在直播间产生消费的兴趣。

常见的引流文案包括以下几种。

1. 互动类文案

互动类文案一般采用疑问句或反问句，这种带有启发性的开放式问题不仅可以很好地制造悬念，还能为用户留下比较大的回答空间，提升用户的参与感。

例如，"更多好物还在持续更新中，还想要什么可以在评论区留言。"

2. 叙述类文案

叙述类文案通常是指直播团队对画面进行的叙述，给用户营造置身其中的感觉，使其产生共鸣。

例如，李佳琦团队发布的一篇引流文案中写道：这些年，工作越来越忙，陪伴父母的时间却越来越少。今年过年，可能很多人无法回家陪伴父母，而总是说着什么也不缺的父母，真正缺少的是儿女的"贴心"和"懂你"，用心挑选#给爸妈的第一份礼物#（直播主题），为他们找到生活小帮手，也是爱他们的一种方式。

可见，直播团队在撰写叙述类文案时，需要根据直播主题和商品的特点，选择有场景感的故事。

3. 长篇文章

直播团队通过一篇发布在微信公众号的长篇文章告诉目标用户：为什么要开直播，要开一场什么样的直播，以及什么时间在什么平台开直播。例如，李筱懿在微信公众号发布的一篇名为《优秀女人的书架上，一定要有这30位作家》的原创文章，即为一个图书专场直播的预告。

在这篇文章中，李筱懿不但预告了直播的时间和平台，还以感悟性的语言说明了为什么要做这场直播，以及这场直播会有哪些独特的价值。例如，"我每天的阅读量提高到了 4 万字""一年 365 天能读 1400 万字，7 年下来就是一亿字，大约一千本书""我特别想做的一件事儿，就是通过一个作家的理解，把每一本书中，对于咱们普通读者的价值点和关键内容，用最直截了当的语言告诉你。让你的阅读真正变得充满价值，而不是打发时间""这次直播中，我会把自己压箱底儿的读书干货都分享给你们，没有一丝儿藏着、掖着"等。

而文章结尾则嵌入了微信裂变海报（见图 7-15），以实现在二次传播中为直播间引流。

图 7-15　微信裂变海报

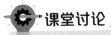 课堂讨论

找一篇知名主播的"带货"文案，看一看有哪些特别之处。

7.3　不同平台的付费引流

如果想要快速提升直播间的人气，直播团队也可以在即将开播或刚刚开播时，通过付费引流的方式为直播间引流。在此，主要介绍淘宝直播付费引流、抖音直播付费引流、快手直播付费引流和视频号直播付费引流。

▶▶▶ 7.3.1 淘宝直播付费引流

淘宝直播频道的流量分配机制是"私域维护好，公域奖励多"，如果直播团队能够把自己的私域流量维护好，那么，淘宝直播频道会给予直播间更多的免费公域奖励流量；直播间的私域流量越多，淘宝直播频道奖励给直播间的公域流量也会越多。

因此，直播团队在淘宝直播进行引流推广，关键是要坚持开播，维护自己的私域流量。在此基础上，再使用"超级直播"，将直播推广至淘宝直播的直播广场、淘宝 App 的猜你喜欢等优质资源位，从而取得良好的直播引流效果。

在目前的版本中，超级直播有基础版和专业版两种模式。基础版只支持直播团队在开播过程中进行操作，直播团队可以在移动端和 PC 端操作；专业版支持直播团队在开播前和开播过程中进行设置，但直播团队仅能在 PC 端操作。

1. 基础版

超级直播的基础版有两种创建方式：在移动端创建和在 PC 端创建。

（1）在移动端创建

直播团队在淘宝主播 App 中开启直播后，在直播间点击"直播推广"按钮进入"超级直播"订单的创建页面，之后即可按照页面选项设定推广计划。

其中，投放目标是系统默认的增加观看次数。在这个投放目标的基础上，系统会把直播推给与直播间、店铺相关的人群，包括直播粉丝人群、直播互动人群、直播宝贝兴趣人群及直播相似宝贝兴趣人群。因此，有一定粉丝基础的直播间，引流的效果会比较好。

而在投放人群的选择中，直播团队可以选择智能推荐人群、精选人群及自定义人群（根据性别和年龄来选择）。其中，精选人群是达摩盘①精选人群包，包含"超级直播专属女性潮流人群""超级直播专属精致妈妈人群""直播专属高折扣敏感人群""近 30 天直播互动人群""行业直播高活人群"等。

直播团队完成以上设置，并支付一定的金额后，即可开始推广。

（2）在 PC 端创建

在 PC 端，直播团队可以在淘宝直播中控台建立直播推广计划。具体方法是，进入中控台，看到正在直播中的直播间，点击"直播推广"按钮即可创建推广并实时管理推广订单；或者在直播列表页面找到直播推广入口，创建推广并对推广

---

① 达摩盘，也叫 DMP（Data Management Platform），含义是大数据管理平台。达摩盘是阿里妈妈（隶属阿里巴巴集团，拥有阿里巴巴集团的核心商业数据，是国内领先的大数据营销平台）为了满足淘宝平台商家的精准营销需求而打造的人群精细化运营定向中台。

订单进行实时管理。

在 PC 端的创建推广页面，直播团队也需要按照页面选项设定好推广计划。投放目标也是系统默认的增加观看次数。人群定向则可以选择智能推荐人群（一般默认勾选）、精选人群（根据达摩盘丰富标签，选择平台已经配置的个性化人群包，可多选）、自定义人群（根据年龄、性别及兴趣选择人群，并能实时看到人群规模）及达摩盘人群（需要自己创建，一般需要在投放前先创建人群并同步到后台）。

2. 专业版

专业版主要面向的是有长期持续投放优化的直播团队，直播团队可以根据不同的目标进行手动出价。简单来说，基础版更适合新手团队，专业版适合有直播运营经验的团队。

直播团队可以登录超级直播平台，选择专业版创建推广计划；或者在淘宝直播中控台，选择专业版创建推广计划。

在专业版中，直播团队可以根据需要设置基本信息、定向人群及人群出价，并进行投中管理。

（1）基本信息

在基本信息设置中，直播团队可以设置投放日期和投放预算；无须设置出价方式，系统默认为"手动出价"；投放目标可以选择"观看次数"或"新增粉丝"。

（2）定向人群

在定向人群中，直播团队一般先选择"智能推荐人群"，再根据所需要的目标人群设置"侧重人群"，如精选人群（行业直播高活人群）、粉丝人群（潜在粉丝、已有粉丝）、店铺人群（店铺浏览人群）及达摩盘人群。

（3）人群出价

直播团队选择完人群后，可参考市场平均价，针对不同人群进行出价，然后完成创建。

（4）投中管理

在直播推广开始投放后，直播团队还可以随时修改计划，如修改投放状态、调整预算、调整定向人群及出价。这样的"投中管理"，可以帮助直播团队根据实际投放效果优化投放策略，从而提升投放成效。

需要注意的是，直播付费推广虽然能够快速为淘宝直播间带来流量，但是，真正能为直播间引流的还是直播内容。直播团队在实际操作中，切忌本末倒置。

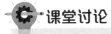
课堂讨论

作为淘宝用户，系统为你推荐的直播内容，你的兴趣度如何？

第7章 直播前的引流预告

▶▶▶ 7.3.2　抖音直播付费引流

抖音直播间的付费引流，是以为直播间引流为目的，通过在用户的视频"推荐"页同步直播内容，吸引用户进入直播间，观看直播并购买商品。

对于开启了付费引流的抖音直播间，在直播时，原本观看视频的抖音用户就会在不知不觉中看到直播间的直播信息，如图 7-16 所示。此时，这条直播信息就会占领用户的整个手机屏幕，用户点击屏幕即可进入直播间。

图 7-16　推荐页显示的直播间的直播信息

1. 抖音直播付费工具："DOU+"

抖音直播间的付费引流工具是"DOU+"。"DOU+"是一款直播的加热工具，直播团队利用"DOU+"可以将直播推荐给更多的兴趣用户，提升直播间的人气、粉丝数及互动量。

"DOU+"的投放需要审核。因此，直播团队可以在直播前使用"DOU+"预先进行投放设置。其方法是，点击开始直播页面的"DOU+上热门"，进入设置页面，选择下单金额，设置"你更在意"（投放目标）、你想吸引的观众类型并选择加热方式等，支付对应金额之后即可完成投放，如图 7-17 所示。

当然，如果在直播过程中，直播团队对用户互动量不满意，也可以在直播过程中进行"DOU+"投放，其方法也是点击直播页面右下角"…"选项，进入"更多"页面，选择"DOU+上热门"，如图7-18所示，进入投放设置页面，设置完成后支付对应金额即可完成投放。

图7-17 "DOU+"投放设置

图7-18 选择"DOU+上热门"

2. 抖音推广直播间的定向投放模式

目前，"DOU+"支持两种定向投放模式，即系统智能推荐和自定义投放。直播团队可以根据需要选择想要推荐的对象。

（1）系统智能投放

系统会智能选择可能对该视频感兴趣的用户，如与直播账号有过历史互动的人群及相似人群、直播账号粉丝的相似人群等，并将该视频展现在其视频推荐页。

（2）自定义投放

自定义投放是指直播团队自助选择想要看到该视频的用户类型，可以选择用户的性别、年龄、地域等。需要注意的是，如果定向选择的范围过窄，可能会导致兴趣用户的流失。因此，直播团队需要在有明确业务及目标用户的基础上，再选择自定义投放。例如，主要推荐美妆品类的直播间，由于其主要目标用户是女性用户，因此直播团队可以选择通过自定义投放锁定目标用户。

3. "DOU+"的高效投放技巧

为了高效地投放"DOU+"，直播团队需要做到以下两点。

（1）明确投放目标，精准投放

在投放"DOU+"之前，直播团队需要先设定一个明确的投放目标。例如，是提升直播间的人气，还是提高直播间的粉丝量，还是提高直播间的互动量。明确投放目标后，才能确定以何种方式进行投放。例如，在开播前投放"DOU+"，可以为直播间引流，提升直播间的人气；而在直播过程中投放"DOU+"，则主要用于提升用户进入直播间后的互动效果，为直播间"涨粉"。

（2）选择直接加热直播间

在投放"DOU+"时，有两种加热方式可供选择，一是"直接加热直播间"，二是选择"视频加热直播间"。一般来说，直播团队可优先选择"直接加热直播间"。相对来说，"直接加热直播间"有 3 个方面的作用：首先，直播团队在创建投放计划后，不需要等待视频的审核，即可立即开始加热，从而以更快的速度为直播间引流；其次，在投放计划开始后，用户会在推荐页浏览短视频时，看到正在直播的内容，用户如果对直播内容感兴趣，点击屏幕即可进入直播间；最后，由于用户是因为感兴趣才进入直播间的，因此，从推荐页进入直播间的用户更可能是精准用户。

课堂讨论

作为抖音用户，系统为你推荐的直播内容，你的兴趣度如何？

▶▶▶ 7.3.3 快手直播付费引流

在快手平台进行直播，直播团队也可以进行付费推广。

在快手平台进行直播推广，直播团队需要在开播页面点击图标，如图 7-19 所示，即可进入直播推广页面。

在直播推广页面，直播团队需要先设置"推广目标"。推广目标有两个选项：增加观众人数和增加粉丝数。选择"增加观众人数"目标后的设置如图 7-20 所示，而选择"增加粉丝数"后的设置如图 7-21 所示。

需要注意的是，在图 7-20 中，"期望增加观众（人数）"是推广可能引入的最多观众数量，但实际进入直播间的观众数可能会比预计观众数少。

不过，直播团队设置的"期望增加观众（人数）"或"预期增加粉丝数"越多，直播间的引流效果也就

图 7-19　直播推广的入口

越好。因此，在直播高峰期，直播团队也可以增加直播预算，以快速提升直播间的人气。

图 7-20 选择"增加观众人数"目标后的设置

图 7-21 选择"增加粉丝数"目标后的设置

在直播推广页面的"选择推广方式"中，有"直接推广直播间""推广直播间+选择作品推广"和"优先通过作品推广直播间"，如图 7-22 所示。不同的推广方式，有不同的优势。其中，在"推广直播间+选择作品推广"和"优先通过作品推广直播间"选项中，直播团队可以选择专为直播准备的预告短视频，或者热度最高的短视频，吸引观看短视频的用户进入直播间。

图 7-22 选择推广方式

此外，为了增加直播间的有效曝光，直播团队可以在开播时，在直播封面和标题的设置中，勾选"开播通知粉丝"，如图7-23所示，以便将直播信息精准推荐给关注直播间的用户。

图7-23　勾选"开播通知粉丝"

 课堂讨论

作为快手用户，系统为你推荐的直播内容，你的兴趣度如何？

▶▶▶ 7.3.4　视频号直播付费引流

视频号直播，是微信生态的一部分。视频号本身并没有官方发布的直接付费引流的渠道，但直播团队可以通过微信生态内诸多环节的"付费"运营，为视频号直播"间接引流"。

在视频号平台进行直播，直播团队可以通过自媒体大号、社群群主、给粉丝发福利引导扩散为直播间引流。

1. 自媒体大号付费引流

自媒体大号，即拥有很多粉丝的自媒体账号，如微博账号、微信公众号账号、头条号等。对于视频号直播运营来说，最有合作价值的自媒体大号是同样包含在微信生态之内的拥有很多粉丝的微信公众号账号。

这是因为，视频号的直播预告信息可以嵌入到微信公众号发布的文章中，用户在阅览微信公众号文章时，可以看到视频号直播宣传图（见图7-24）；也可以看到视频号的引流短视频（见图7-25），点击引流短视频，一键跳转到视频号观看引流短视频、关注视频号、点赞短视频，以及预约观看直播；还可以在微信公众号文章中直接点击"预约"设置直播开播提醒，在直播即将开始时就会收到微信"服务通知"推送的"直播开播提醒"（见图7-26）。

图 7-24　视频号直播宣传图

图 7-25　微信公众号文章内的视频号引流短视频

图 7-26　微信公众号文章中的直播"预约"设置和预约后的"直播开播提醒"

直播团队通过微信公众号为视频号直播付费引流，需要先筛选合适的微信公众号账号。一般情况下，直播团队需要通过查看微信公众号账号的粉丝数、文章阅读量、点赞量等信息，判断账号的质量；也需要评估该账号日常发布的内容，判断其粉丝群是否是直播间的目标用户。

筛选出合适的微信公众号账号后，直播团队可以自己制作引流文案、引流短视频或引流文章，请合作账号嵌入到文章中或直接发布；也可以提出引流内容要点，提供素材，由合作账号制作内容并发布。

相对而言，利用微信公众号进行引流的效果还是有保障的，不过合作价格也较高。因此，这种模式比较适合已经有很多直播营销经验的直播团队；对于新手团队来说成本过高，不太适合。

2. 社群群主付费引流

社群群主付费引流，即直播团队与有很多活跃社群的群主进行合作，在其社群中投放直播预告内容，为直播间引流。

在社群中投放直播预告的形式比较灵活，可以是海报、短视频、文章等。直播团队在别人的社群中投放直播预告信息，为了提升效果，需要遵守以下3个操作技巧。

首先，群主先对直播团队进行主动介绍和信任背书。因为社群的社交关系更强，用户黏性也更强，群成员对群主推荐的信息认可度和接受度也都更高。

其次，直播团队应先发红包再自我介绍。在被群主引入社群时，直播团队需要发一个红包给群员当"见面礼"，在激活社群气氛的同时，再进行有条理的自我介绍。

最后，直播团队发个红包请群成员观看直播。做完自我介绍及直播预告之后，直播团队需要再发一个红包邀请群成员关注视频号账号、进行直播"预约"，以及邀请群成员到直播间观看直播。

当然，对于粉丝价值大的社群，直播团队在合作结束后也可以派人常驻社群，时不时发个红包或分享有价值的内容，通过长久的"利他"或"互助"相处，获得群成员的认可，从而让后续的直播活动或其他营销活动都能得到更多群成员的配合和支持。

3. 给粉丝发福利引导扩散

依托于拥有100%熟人关系链的微信，直播团队可以借助"朋友看过的直播"使视频号直播信息实现快速扩散。

"朋友看过的直播"会显示在视频号"朋友♡"页面的顶部位置。目前的内容呈现机制是，一个微信用户关注的视频号正在直播，或者从任何一个渠道进入过这个直播间，该微信用户的微信朋友就会在这个位置看到直播信息，如图 7-27所示。除非直播结束，或者用户手动操作"不看对方的动态"，否则这条直播信息会一直出现在"朋友♡"页面。

这个呈现机制意味着，直播团队在视频号进行直播，多一个用户进入直播间，就可能多一波流量。

为了更好地利用这个呈现机制，直播团队可以在直播前将多种引流方式相结合。例如，编写预告直播内容的微信公众号文章和制作内容精彩的引流短视频，在视频号发布

图 7-27　朋友看过的直播

引流短视频，同时在画面中或画面外提醒用户关注视频号、设置链接引流文章、设置直播"预约"（见图 7-28），引导更多视频号用户关注账号，了解直播内容，

以及预约直播，等开播时，直播信息就能实现更快速的裂变、更大范围的曝光。

此外，直播团队还可以在视频号中发布短视频引导用户加入粉丝社群（见图7-29），在直播开始时，在粉丝社群发放红包引导社群成员分享直播内容至朋友圈，从而吸引社群成员的朋友们进入直播间。

图 7-28　引流短视频

图 7-29　引导用户加入粉丝社群

相对来说，给粉丝发福利来引导直播信息扩散，是一种成本可控的低成本推广方式，因而更适合预算有限的新手团队。

课堂讨论

作为微信用户，视频号为你推荐的直播内容，你的兴趣度如何？

思考与练习

1. 直播的引流渠道有哪些？各个渠道的引流形式是什么？
2. 如何选择直播引流内容的发布时间和发布节奏？
3. 设计引流标题的方法有哪些？
4. 引流短视频的内容形式有哪些？
5. 引流文案包括哪些类型？各有什么作用？
6. 简述视频号直播付费引流的方式。

123

第8章
直播间的营销管理

【知识目标】
（1）了解直播营销的话术设计。
（2）了解直播间的氛围管理方法。
（3）了解直播间的商品介绍。
（4）了解直播间的促销策略。

8.1 直播营销的话术设计

直播团队需要提前设计好直播营销话术，以便让进入直播间的用户在很短的时间内了解"直播间在销售什么商品""这个商品好在哪里，如何体现"，以及"今天有什么福利，怎么兑现"。

▶▶▶ 8.1.1 直播营销话术的设计要点

直播营销话术的最终目的是为了获得用户对主播和主播所推荐商品的信任与认可，让用户意识到自己的消费需求，从而产生购买行为。直播团队设计直播营销话术需要根据用户的期望、需求、动机等，以能够满足用户心理需求的表达方式来展示直播商品的特点。直播团队设计直播营销话术，需要考虑以下5个要点。

1. 话术风格应符合主播的人设

主播的人设不同，在直播间的说话风格也应有所差别。

例如，"专家"或"导师"人设的主播，需要传递"干练""理性"的感觉，说话风格应更强调观点，简洁明了，不过多重复，不拖泥带水；有"高情商"人设的主播，则需要多使用鼓励、赞美和"自嘲"式的话语；有"朴实"人设的主播，语言要平淡，尽量不使用华丽的词语，但需要把平淡的话语说出深意，以显现"大智若愚"的感觉；有"才女"或"才子"人设的主播，其词汇量要丰富，措辞要准确，对大小事件都点评精准，等等。

2. 介绍商品特点时多使用口语化的表达

商品的文案风格多是严肃而正式的。在直播间，如果主播直接念品牌方撰写的商品文案，用户可能记不住商品的特点。而如果主播能将这些文案用一种更符合日常交流情景的口语来表达，可能更容易让用户了解商品。

例如，某品牌智能摄像头的文案是"无惧黑夜，高清红外夜视：采用 8 颗 OSRAM 专业纳米环保 LED 红外补光灯，夜间在全黑环境下也能呈现高清画质"。在直播时，主播不必去念文案，只需用更通俗的话语说清楚，为这段文案的关键内容描述一个使用场景即可。主播可以说："这款摄像头，因为有红外夜视，晚上即使关了灯，拍的视频也是很清楚的。"

这样一段浅显易懂的日常话语，加上直播现场的操作演示，能够让用户更容易了解商品的使用价值，从而更容易产生购买行为。

3. 话术需要搭配合适的情绪表达

直播就像一场电视节目，主播就如表演节目的演员，演绎到位才能吸引用户。演绎到位即意味着，主播不仅要说好"台词"，还需要为台词配上能打动人的面部表情和丰富的肢体动作。

试想一下，如果主播情绪平淡地说着商品的某些特点，用户会感觉到什么信息？而如果主播在介绍商品时面露兴奋，语调欢快，言语间尽是赞美之词，用户又会感觉到什么信息？答案显而易见，前者所说的商品"没什么特别之处""主播都懒得介绍"；而后者所说的商品，可能真的是"值得去抢"的商品。

可见，在直播间，主播在介绍商品时的情绪，如兴奋、激动等，远比"台词"本身更有感染力。

当然，对于普通人来说，如果内心平静，面部表情和肢体语言也就不容易做到"激动""兴奋"。因此，主播要尽可能站在用户的角度去看待商品，去发现商品的独特价值。

4. 不同的话术需要不同的语速

主播在直播间推荐商品时，语速不能太慢，慢语速适应不了用户获取更多信息量的需求，也容易让用户对主播产生无精打采、懈怠、拖沓的印象；但语速也不宜过快，过快的语速会让用户听不清内容，来不及思考，影响内容的接收。

对于日常生活中非常熟悉的语言，在几秒的时间内，人耳的接受程度可以达到每秒七八个字；而在较长的时间内，人耳的接受程度是每秒四五个字，即每分钟240～300字。不同年龄、不同文化程度、不同职业的用户，对语言的理解能力是不同的。因此，如果按照兼顾大多数用户的原则，每分钟250～260字的语速是比较合适的。

在此范围内，主播还可以根据直播内容灵活切换语速。例如，在催促用户下单时，语速可以适当快一些，提高到280字/分钟左右，以营造紧张的气氛；如果要讲专业性较强的知识，语速可以稍微慢一些，降低到240字/分钟左右，以体现内容的权威性；讲到关键之处时，可以突然放慢语速或增加停顿，以提醒用户注意倾听。

5. 整场话术设计要有节奏感

一场直播从开场到结束，从氛围的角度，可分为"开端""舒缓""提神""释放"四个阶段，每个阶段的话术所对应的作用依次是"吸引用户""舒缓情绪""刺激下单"及"留下悬念"。各个阶段的话术设计要点如表 8-1 所示。

表 8-1　直播中四个阶段的话术要点

阶段	话术目的	话术要点
开端	营造用户对直播间良好的第一印象	用热情的话术欢迎进入直播间的用户，用互动感强的话术活跃气氛，用有吸引力的预告话术为用户打造期待感
舒缓	舒缓直播间的气氛，舒缓主播和用户的情绪	主播通过讲笑话、唱歌、聊天等形式，缓解直播间的气氛，缩短主播和用户的心理距离
提神	活跃气氛，吸引流量，促成转化	以兴奋的、激动的语气和话语进行抽奖送福利、惊喜价促销、"宠粉"秒杀或推出让用户兴奋的高品质商品等活动
释放	提升用户的满意度，为下期直播积累用户	真诚地向用户表示感谢，提升用户的满意度；介绍下期直播最有吸引力的商品和活动，让用户对下期直播产生期待

课堂讨论

　　看一场知名主播的"带货"直播，看一看主播在介绍不同商品时的面部表情和肢体语言有什么特别之处。

▶▶▶ 8.1.2　开场阶段的话术参考

开场是直播的重要环节，是决定用户是否会留下来的关键时间段，即使是简短的开场，也需要调动直播间的气氛，否则主播将无法在后续的直播中取得良好的效果。一个良好的开场是展示主播风格、吸引用户的关键。

1. 暖场欢迎话术

在正式开始直播前，用户陆陆续续进入直播间，主播需要用一些话术来暖场。可参考的暖场欢迎话术如下所示。

- 欢迎朋友们来到我的直播间，主播是新人，希望朋友们多多支持、多多捧场哦！
- 欢迎各位同学，大家晚上好，大家能听见我的声音吗？已经进入直播间的朋友们可以在评论区回复"1"。我看到××已经来了，你好。
- 感谢××的小红心，欢迎关注××，每周六晚上8点有免费公开课。
- 废话不多说，先来抽一波奖！
- 欢迎大家来到直播间，大家正在听的不是一般的课程，这可是有道一年一度官方最佳精品课程！
- 首先欢迎大家来到我们××的世界，今天是一个需要改变的日子！
- Hello，大家好，欢迎来到××直播间！
- 欢迎××进入直播间，这名字有意思啊，是不是有什么故事？
- 欢迎××进来捧场，看名字应该是老乡。
- 欢迎××的到来，我直播间第一次见到这么厉害的账号，前排合影留念啊！
- 欢迎××来到直播间，每次上播都能听到你的声音，特别感动，真的。
- 喜欢我的朋友们请动动你们的小手，点击"关注"按钮，就能随时随地来看我的直播啦！
- 欢迎大家来到我的直播间，接下来正式给大家带来今晚的"干货"哟！

2. 自我介绍话术

直播时，通常会有很多新用户进入直播间。因此，主播需要做一个能够展示个性的自我介绍，从而让用户快速记住。可参考的自我介绍话术如下所示。

- 秋叶Word姐的自我介绍：大家喊我大宝、喊我Word姐都可以，Word姐是我的艺名。有个小传统说一下，凡是Word学得好的同学，可以点播一首歌，我下课唱给你们听。
- 秋叶大叔的自我介绍：我是秋叶老师，他们说课讲得好的老师一般普通话不太好，请大家多多体谅；我是秋叶老师，给大家看看我最近做的一个PPT作品，就是最近在阿里发布会上的一张；我叫秋叶，从事教育行业有20年的时间，我们的网课帮助全国上百万年轻人学Office、学职场技能，让他们找到工作，升职加薪，甚至自主创业；大家好，我是秋叶大叔，就是微信公众号"秋叶大叔"

的那个秋叶大叔。

- 薇娅的自我介绍：大家好，欢迎来到直播间，我是你们的"哆啦薇娅"！

3. 开场话术

正式开场时，主播可以先向用户透露与用户相关的利益，从而留住用户。可参考的开场话术如下所示。

- 效果引导：今天晚上60分钟的课程，我会给大家带来3点收获；我讲的这门课，我的一个企业朋友说："如果在大学提前学到，就不用上班后交那么多学费了"；今天来给大家分享几个汽车保养小技巧，你学会了也可以成为汽车保养"达人"。
- 福利引导：废话不多说，先来抽一波奖；今晚有福利环节，肯定给大家发红包。
- 目标引导：欢迎大家来到我的直播间，今天晚上我要给大家分享的课程是45分钟的Word课，帮你轻松搞定毕业论文的排版。

4. 引导关注话术

主播及助理需要在直播过程中引导用户关注直播间，从而将直播平台的公域流量转化为自己的私域流量。可参考的引导关注话术如下所示。

- 喜欢佳琦就请关注我们的直播间哦！
- 关注我们的直播间，我们每晚8点在直播间不见不散！
- 关注我们的直播间，待会儿抽奖被抽中的概率更大哦！
- 想学习更多关于××的知识，关注我们的直播间，每天直播都有新"干货"哦！
- 今后直播间还会给大家带来非常多的好东西，一定要先关注我们的直播间哦！
- 谢谢大家的关注，喜欢我们团队的直播，记得分享给你身边的朋友哦！
- 欢迎××进入直播间，点关注，不迷路！
- 欢迎朋友们来到我的直播间，主播是新人，希望朋友们多多支持、多多捧场哦！
- 刚刚进入直播间的同学，记得点击一下屏幕上方的订阅选项，每次有福利，我们会第一时间通知您！
- 今天我们会在关注直播间的小伙伴中，抽出一个超级大奖，还没关注的同学赶紧关注哦！

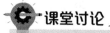

课堂讨论

看一场知名主播的直播，看一看主播和助理在直播开场时使用了哪些话术。

▶▶▶ 8.1.3　推荐商品阶段的话术参考

直播营销的核心是推荐商品。而在推荐商品阶段，主播也需要事先设计好一定的话术，以尽可能引导用户产生购买行为。

1. 氛围话术

氛围话术，即主播通过一定的话术调动用户的情绪，以及让直播间的购物气氛保持活跃。可参考的氛围话术如下所示。

- 我们直播间的商品比免税店的商品还便宜！
- 所有女生，你们准备好了么？3、2、1，链接来喽！
- 天呐！这也太好看了吧！好好看哦！
- 如果这个抢不到，就可以直接睡了，其他应该也抢不到！
- 学完这门课，真的，你的领导不会再嫌弃你的×××了！
- 你看看我的眼睛，我像不像你导师生气的样子？
- 这个真的好省钱啊！整整便宜了一半！
- 当你下次给领导汇报工作的时候，你就用这个功能，一秒搞定，让领导目瞪口呆！
- 这款商品的专柜价为179元，到手价为139元，我们还送好多赠品……
- 还有7000个，还有3000个，好了，没货了，卖完了。

2. 荐品话术

荐品话术，即商品描述话术，是主播告知用户一款商品的亮点在哪里，和其他竞品相比好在哪里。可参考的荐品话术如下所示。

- 走在大街上，人们都想多看你一眼！
- 阳光打到皮肤上的时候，折射出非常漂亮的光泽感。
- 我从来没有感受过这么薄的唇釉。
- 这是下过小雨的森林里的味道。
- 果肉很新鲜，不是风干的那种，酸酸甜甜的口味，你们都会很喜欢吃。
- 可以买给家长，爷爷、奶奶、爸爸、妈妈都会喜欢，完全不会有腻腻的感觉。
- 我非常喜欢，好想吃，性价比超高，你买回去，你妈妈肯定说你非常会买。

3. 导购话术

导购话术，即主播告诉用户为什么要买这款商品，为什么现在就要下单。可参考的导购话术如下所示。

- 这个是××（主播）还没推荐的时候，他们家就卖得特别好的商品！旗舰店已经销售2万份了！

- 这款商品在小红书有10万篇"种草"文章，只要你买过，你就会想把这款商品推荐给身边的人！

- 之前我们在直播间已经卖了10万套这款商品了！

- ××（主播）一直在用的商品，真的特别好用！

- 我已经用了10盒，出差也天天带着！

- 这个商品在开售之前，已经有10万人提前添加购物车了！

- 超市49元一盒，××（主播）直播间只要39.8元两盒

- 买它，超划算！

- 所有女生，这个一定要买！

4. 催单话术

催单，也是导购的一个环节。关键是主播如何用话术给用户制造紧迫感，促使用户马上做出决策并下单购买。可参考的催单话术如下所示。

- 能加货吗？我们再加1000份，最后1000份啦，赶紧下单哦！

- ×××最近都没货，可能下个月才会带给大家！

- 这款商品今晚我的直播间，只有×万份，卖完就没了！

- 今天晚上××（主播）直播间的商品，真的全网最低价，可能以后再也不会有这样的价格了！

- 原价138元一瓶，××（主播）直播间108元两瓶！

- 这一款商品数量有限，如果看中了一定要及时下单，不然等会就抢不到啦！

- 这次活动的力度真的很大，错过真的很可惜！

- 还有最后三分钟哦，没有购买到的赶紧下单哦！

- 刚刚放出来优惠，就已经有×××人抢着报名了，这些同学，你们真有眼光。

- 不想错过优惠的同学，剩下的名额不多了。12点过后，我们马上就恢复原价了。

5. 转场话术

主播推荐完一款商品，需要自然过渡到推荐另外一款商品或另外一个环节。主播这时就需要使用转场话术。可参考的转场话术如下所示。

- 下一节我们要讲×××，也很实用！

- 好，我们来看下一个商品，×××（商品名称）××（主播）特别喜欢！

- 下面我要教大家1分钟搞定×××，这个在职场特别有用，因为能解决很

多问题。

- 好，那我下面教你们一招好不好？学会这一招呢，就能够搞定×××。
- 讲到这里我突然想起一个故事，你知道吗？
- 好，我跟大家说一个案例，这个案例呢，可能每一位观众都特别有感触。
- 好，我们再来玩一个很简单的游戏。
- 你们知道吗？我们前一段时间又收到一个小伙伴的信息。
- 再跟大家讲一点"干货"。
- 来，我给大家看几个例子，你们就知道做××真的好简单！
- 现在给大家讲一个我们职场办公经常会遇到的挑战。
- 我最近在朋友圈还看到一个非常有意思的广告。
- 好，下面我们看一下这个操作，你们会用多长时间解决？
- 刚才提到的问题，我听到好多人都说不知道，来看一下××。

6. 互动话术

互动话术，即主播引导直播间的用户与自己互动，包括点赞、转发、在评论区留言。可以参考的互动话术如下所示。

- 今晚，××（主播）就是来送礼物的，我争取今天晚上一个小时送完，好吗？
- 今天我邀请了一个神秘嘉宾来到我的直播间，大家猜一猜是谁？
- 我看一下评论区，认识××（主播）和××（嘉宾）的打"1"，不认识××（主播）和××（嘉宾）的打"2"。
- 各位同学，你们回忆一下，自己童年最高兴的时候，在评论区用一句话描述一下！
- 现在直播间有 1.59 万人。到 1.6 万人，我截图送个大奖，好不好？大家把直播链接分享出去！
- 大家在评论区输入"一年顶十年"，小助手截图，截到的同学，全部中奖，好不好？
- 你们觉得这个方法好用吗？那你觉得你学得会吗？
- 我给大家准备了一个 Word 水平等级小测试，非常简单。我们可以一起来看一下，好不好？

7. 提升用户价值感的话术

主播如何让用户觉得在直播间学到了知识或抢到了好物，并且下次还想来？这就需要主播提升用户观看直播及在直播间互动的价值感。可参考的提升用户价值感的话术如下所示。

- 下面××（主播）说的每句话都特别重要，大家一定要认真听！

- 学会这一招，你已经赢了99%的大学生！

- 学习的目的是什么？不是我告诉你知识，而是我引导你发现，知识原来很有趣。

- 没有比学会Word更实用的职场技能了，学到就是赚到！

- 学会这些内容还可以解决你×××问题，一通百通！

- 这就是我们讲的1个快捷键，你觉得在我们Excel训练营里，我们就只教你1个快捷键让你满意？你满意我们还不满意——必须让你们学会100个！

- 什么是学习、什么是成长呢？那就是你了解一个未知的领域，并且通过它找到一个全新的大门，今晚我们就来打开这扇大门。

- 遇见了问题就要直面问题，不要把Office想得有多难，跟我学，就会了。

- 如果你们把这个方法用到我们的工作中，领导会不会觉得你做得太棒了？其实如果能够早点学会，你就能早点得到领导的肯定，而很多人没有意识到这一点。

8. 引导认同话术

主播如何用话术引导用户认可自己推荐的商品或观点，让其产生认同感与信任感？可参考的引导认同话术如下所示。

- 大家觉得刚才我说的对不对？

- 有没有道理？有道理吧！

- 同不同意？同意吧！

- 你要不要做×××，那你要不要用到×××？

- 我还要强调一遍×××。

- 刚才给大家推荐的这本书，大家觉得实用吗？

- 大家觉得刚才教的方法，好不好用？

- 你在工作中有没有遇到过这样的问题？很简单，记住三步，方便吧！

- 你觉得秋叶老师给大家拆解的方法好懂吗？——好懂！那你觉得这个方法你学不学得会？——学得会！

- 大家说好还是不好呢？如果觉得好，请一起点赞！

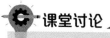
课堂讨论

看一场知名主播的直播，看一看主播和助理在推荐商品环节使用了哪些话术。

8.1.4 结束阶段的话术参考

直播的结尾也非常重要。在结束阶段，主播及助理需要感谢用户的点赞、转发和关注，感谢给主播送礼物的用户，也需要预告下一场直播，还需要感谢直播团队的辛苦配合。可参考的结束阶段的话术如下所示。

- 大家尽量早点来××（主播）直播间，谢谢你们的支持！
- 我每天的直播时间是从××点到××点，风雨不改，记得每天准时来看哦！
- 非常感谢各位朋友的观看，希望今天的分享能让大家有所收获！
- 感谢朋友们今天的陪伴，感谢所有进入直播间的朋友们，谢谢你们的关注和点赞。
- 非常感谢所有还停留在我直播间的朋友们，没点关注的记得点关注，每天准时来看哦！
- 非常感谢大家，已经看到有 600 多人来到我们的直播间了，希望有更多的小伙伴来到我们的直播间，也感谢很多小伙伴的评论。
- 感谢这位小伙伴给我打赏，我们也是非常需要鼓励的，那么这位打赏的小伙伴待会可以到微信群提一个问题，我保证给你回答。
- 下次直播给你们送礼物，给你们多送一点。
- 下一次直播的商品有哪些呢？有……我们暂时先预告这些给大家。还没关注的朋友，单击直播界面左下角关注一下直播间。
- 觉得我们讲得不错的，记得关注直播间，下一周我们还有×××分享。

课堂讨论

看一场知名主播的直播，看一看主播和助理在结束阶段使用了哪些话术。

8.2 直播间的氛围管理方法

直播时，主播不能只是按照准备好的话术自顾自地介绍商品，还需要根据直播间的实际情况，引导用户积极互动，以提升直播间的互动氛围。在任何一个环节，热烈的氛围可以感染用户，吸引更多的用户进入直播间观看直播，吸引更多用户在直播间参与互动，甚至产生购买行为。

直播间的互动玩法主要包括派发红包和送福利。

▶▶▶ 8.2.1 派发红包

主播在直播间派发红包，可以让用户看到具体的、可见的利益，是聚集人气、激发互动气氛的有效方式。

1. 派发红包的步骤

派发红包有两个步骤：约定时间、在直播间发红包。

（1）约定时间

约定时间，即在正式派发红包之前，主播要告诉用户，自己将在 5 分钟或 10 分钟后准时派发红包。这样的预告，一方面可以活跃直播间的气氛，另一方面可以快速提高直播间的流量。

在此基础上，主播还可以建议用户邀请更多的小伙伴进入直播间，参与抢红包的活动。

（2）在直播间发红包

到约定时间后，主播就要在直播间发红包。主播可以与助理一起，为派发红包开启一个"倒计时"，以增强活动的气氛，同时也可以让用户产生领取红包的紧张感。

此外，为了将公域流量转化为私域流量，主播还可以邀请直播间的用户加入粉丝社群，并告知用户，主播和助理会于固定时间在粉丝社群发红包。

2. 在直播间派发红包的策略

直播间的在线人数不同，主播派发红包的方式也有所不同。这里以在线人数不足 50 人的新直播间和在线人数超过 200 人的成熟直播间为例，介绍派发红包的不同策略。

（1）在线人数不足 50 人的新直播间

新直播间前期粉丝数量很少，主播使用派发红包的方式可以提升直播间的人气，解决直播间在线人数太少、无人互动的尴尬局面。

在人数较少的直播间，主播在推荐完一款商品后就派发一次红包，以延长用户在直播间的停留时长。具体方法是，主播推荐一款商品，待感兴趣的用户下单后，邀请用户加入粉丝群，并说"现在又要开始我们的派发红包环节了，我们马上就会在粉丝群发放大额红包，没有进群的朋友们赶紧进群了。进群方法是，点击直播间……朋友们快点入群，主播马上就要发放大额红包了！"

在介绍进群方法时，主播或助理可以拿着手机，对着镜头演示如何进入粉丝群。随后，主播进行 10 秒倒计时，让粉丝群内的用户做好准备，倒计时结束时发红包。红包发过后，主播或助理可以在镜头前展示抢红包的画面和抢红包的人数。

（2）在线人数超过 200 人的成熟直播间

一般情况下，当直播间在线人数超过 200 人时，主播就不需要在粉丝群发红包了。直播间已经拥有一定的人气基础，主播直接在直播间派发红包的效果可能会更好。

主播在直播间派发红包，可以参考以下策略。

首先，主播可以在流量节点或互动节点发红包，如点赞数满 10000 时发红包。这样，用户参与转发或互动的积极性会更高，能够更快地提升直播间的人气。需要说明的是，主播不宜在指定的时间节点发红包，以免用户只在指定时间进入直播间抢红包，抢完红包就离开。

其次，红包的金额不能太低，一般不宜低于 200 元。例如，点赞数满 10000 时，主播可以说："感谢朋友们的点赞，主播要发红包了，红包金额不低于 200 元。朋友们赶紧做好抢红包的准备……"同时，主播或助理可以拿着手机对着镜头演示如何抢红包。可以多次重复，但耗时最好不超 5 分钟。发完红包之后，主播或助理要对着镜头展示抢红包的数据，让用户知道"有多少人抢到了红包"及"红包金额有多少"，以展示派发红包活动的真实性，激发用户更大的参与热情。

主播在直播间除了发放现金红包以外，还可以发放口令红包。口令红包是指主播在红包中设置输入口令，口令一般是商品品牌的植入广告语，用户需要输入口令才能抢到红包，这样可以增强用户对品牌的记忆。

口令红包可以是现金红包，也可以是优惠券。相对来说，优惠券更有利于销售转化。优惠券需要用户按照一定的条件来购买商品，否则优惠券就没有任何作用。因此，在抢到优惠券以后，用户往往会选择购买商品。

课堂讨论

看一场知名主播或知名品牌的直播，看一看主播和助理是如何在直播间派发红包的。

》》》 8.2.2　送福利

送福利也是主播在直播间常用的互动技巧。送福利的首要目标是让用户在直播间停留，激起直播间的互动氛围；其次才是吸引用户关注直播间并产生购买行为。

为了实现这两个目标，送福利的设计要遵循以下两个原则。

首先，作为福利的奖品应该选择主播推荐过的商品，可以是新品，也可以是前期的爆品，这样奖品对用户才有吸引力。

其次，整个送福利的过程要分散进行，主播不能集中送完福利。主播可以设置多个福利奖项，每到达一个直播节点，如进入直播间的人数、点赞人数或弹幕数达到多少，就送出一个福利奖项。这样，主播就可以多次利用送福利不断地激发用户的参与兴趣，从而尽可能保证整场直播的活跃。

基于这两个原则，主播可以在直播间发起 3 种形式的"送福利"：连续签到送福利、回答问题送福利、点赞送福利。

1. 连续签到送福利

连续签到送福利，即主播按照签到天数抽奖。每天定时开播的主播，可以在直播间告知用户：只要用户连续七天都到直播间评论"签到"，并将七天的评论截图发给主播，当助理核对评论截图无误后，即可赠予用户一份奖品。

2. 回答问题送福利

回答问题送福利，即主播可以根据商品详情页的内容提出一个问题，让用户到商品详情页中找答案，然后在评论区评论。主播和助理从回答正确的用户中抽奖，被抽中的用户，可以得到主播送出的一份奖品。

采用这种送福利的形式，有 3 个方面的好处。首先，因为用户需要查看商品详情页，寻找答案，所以可以提高商品详情页的点击率；其次，用户在寻找答案的过程中，需要详细看商品的介绍，从而加深了对商品的了解，提升了购买的可能性；第三，用户通过评论与主播进行互动，也会提升直播间的互动热度。

3. 点赞送福利

点赞送福利是指主播给用户持续的停留激励，可以让黏性高、闲暇时间多的用户长时间停留在直播间，而黏性一般的用户也会因为送福利活动而不断地进入直播间，并在直播间点赞。这样就会提高直播间的用户回访量，从而增加直播间的观看人数。

进行点赞送福利时，对于人数少的直播间，主播可以设置每增加 3000 个点赞就抽奖送福利一次；而对于人数多的直播间，主播可以设置每增加 20000 个点赞就抽奖送福利一次。

相对来说，点赞送福利看起来很简单，但要求主播有较强的控场能力。因为点赞数量达到规定数量的时间不固定，可能会与直播间的"秒杀"活动重合。当两者的时间重合时，主播就需要与用户沟通，承诺在完成"秒杀"活动之后立即进行送福利活动。

此外需要注意的是，每一次的送福利环节，主播都需要在直播间告知用户三件事：首先，在送福利之前和之后，都诚意邀请用户关注直播间及加入粉丝团；

其次，公布本次送福利的结果，即"给谁送出了什么样的福利，价值多少"；最后，告知用户下一次送福利的条件。

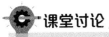

课堂讨论

看一场知名主播或知名品牌的直播，看一看主播使用了哪些送福利的形式。

8.3 直播间的商品介绍

直播间的商品介绍，是直播营销变现的重要手段。商品介绍，并不是主播简单地介绍商品是什么，而是需要根据用户的心理需求，使用一定的话术，打动用户，促成交易。

》》》 8.3.1 商品介绍的策略

主播进行商品介绍时也需要采用一定的策略。在此主要介绍"FAB 法则"和"生动描述法"。

1. FAB 法则

FAB 法则是在销售领域经常被用到和提及的一种商品介绍方法。随着直播"带货"的发展和兴起，FAB 法则也被越来越多地运用到直播"带货"的过程中。

FAB 法则，即属性、作用、益处的法则。FAB 对应是三个英文单词：Feature（属性）、Advantage（作用）和 Benefit（益处）。主播按照这样的顺序介绍商品，对说话的内容进行排序，让用户信任主播介绍的商品并达成交易。表 8-2 所示为利用 FAB 法则介绍商品的要点。

表 8-2 利用 FAB 法则介绍商品的要点

法则	介绍要点	举例（以介绍一款手机为例）
属性	该商品本身所具备的客观事实	手机在设计、屏幕、电池、处理器、摄像头等方面的配置
作用	基于属性，该商品能够给用户带来的用处	外观设计——手感好；屏幕——清晰度高、护眼；电池——容量大、充电快；处理器好——手机运行快；摄像头——拍照好
益处	该商品给用户带来的利益	这款手机，在什么样的使用场景中，可以给用户带来哪些独特的好处

可见，FAB 法则的逻辑即为"因为……（属性），所以……（作用），这意味着……（益处）"。这样的介绍模式，符合用户的思维习惯，因而会让用户觉得主播对于商品的介绍有理有据、有说服力。

在 FAB 法则中，商品的"属性"和"作用"往往是固定的。而"益处"则往往因人而异。

2. 生动描述法

生动的描述，是影响用户对事物的认知和判断的一个重要因素。从心理学上看，相对于平淡的信息，生动的信息更容易被提取，也更容易被回忆起来，因而，用户在判断和决策时会更容易受生动信息的影响。

在直播间，主播可以通过以下两种方法提升商品介绍的生动性。

（1）营造场景

通常情况下，主播将一个商品推荐给用户时，用户的心理活动和状态往往是："与我无关，完全无感""它是干什么的？我用得着吗？"……

场景因为拥有"情绪唤醒"和"记忆联想"两个功能，恰好可以回答用户的这类问题。

- 情绪唤醒：用户的情绪和感受基本都是由场景中的外部刺激产生的。因此，重现情绪产生时的场景，能够快速激发用户的情绪。
- 记忆联想：用户的记忆大多是由场景中的各种片段和细节组成的，主播描绘场景中的细节或独特点，能够唤起用户的情节记忆，引发用户的联想。

例如，李佳琦在进行商品介绍时，就会营造使用场景。例如，涂上这款口红，会提升使用人的气场，适合在重要的场合使用。

在直播间，主播对商品使用场景的描述，相当于在提醒用户"会在什么场景下使用它/需要它"，从而让用户觉得这个商品正是自己所需要的。

（2）巧用"参照与类比"

在推荐商品时，主播还可以使用"参照与类比"来增加商品的使用价值。

当主播需要去解释一个陌生的概念时，为了方便用户听懂，需要选择寻找用户熟悉的事物进行解释，从而让用户清楚理解所表达的信息。

例如，李佳琦在直播间介绍商品时，会使用这样的"参照与类比"话术：在介绍某品牌口红时，会说这是"红丝绒蛋糕"的感觉；在介绍某品牌面霜时，会说这是"像冰淇淋融化后的触感"，等等。

这样的"参照与类比"话术，是将商品的某些特点，用大多数用户熟悉的人物形象或事物印象来进行具体化的描述，从而让用户对商品的某些特点产生具体化的认知。如果这种认知能让用户产生美好的感觉，那么用户可能会更愿意购买这款商品。

看一场知名主播或知名品牌的直播，看一看主播在介绍商品时使用了哪些策略。

▶▶▶ 8.3.2 商品介绍的逻辑

在直播间，主播需要依据用户的心理需求，有逻辑地进行商品介绍。在实际操作中，可以参考以下 4 个步骤。

1．构建信任

信任是人和人之间建立良好互动关系、进行商业合作的基础。在直播间销售商品，主播首先需要构建用户对自己的信任。

构建信任的方法有很多，在此主要介绍以下两个方法。

（1）展示与用户的相似性

人们总是更容易信任与自己相似的人。这个"相似"，包括相似的习惯、相似的兴趣、相似的经历、相似的认知等。因此，在直播间，很多主播会展示自己与用户之间的相似性。

主播可以尝试站在用户的角度，用"以前，我也不相信/我也不敢/我也认为/我也经历过/我也喜欢/我也说过"这样的话语作为开头，讲述大多数用户都经历过的事情，从而吸引用户的注意，将用户的思维引导至已经设定好的语境里。

主播在讲述相似经历时，要尽可能"多说一点"。主播说得越多、越具体，越容易增强用户对自己的好感度和信任度。

（2）引导用户理性思考

直播间是一个容易促成用户冲动消费的场景。很多在直播间消费的用户，一开始并没有明确的消费需求，而是在主播的引导下突然就"冲动消费"了，收到商品后才发现实际用处不大，要么退货，要么闲置。因此，相对于很多希望用户多多做出冲动消费决策的品牌商和主播来说，能够在直播间提醒用户理性消费和理性思考的主播，将会更容易赢得用户对自己的好感和信任。

例如，李佳琦在直播间会以专业美妆师的视角评价每款商品的使用场景，并经常提醒用户理性消费："这只口红的颜色很常见，如果你已经有类似的颜色，可以不买它""这个品牌，你只需要买这 2 个色号，其他的不需要买"。采用这样的商品介绍和商品推荐方式，会让用户更加信任他，从而更加相信"跟着李佳琦的建议买就对了"

用户对于主播的信任，并不是一次直播就可以构建完成的，而是长期的、各个渠道互动的结果。因此，除了在直播间，主播也需要在其他平台为自己塑造真诚、守信的形象。

2. 介绍商品

在拥有一定的信任基础后，主播就可以为用户推荐商品了。推荐商品时，可以使用前面所述的"FAB 法则"或"生动描述法"，重要的是告诉用户，这个商品能解决他们的什么需求，商品的哪些"配置"或"配料"能解决这些需求，这些配置和配料是哪些其他商品所没有的。

在此基础上，主播再简单讲述商品的辅助卖点（如设计等方面的优势），以提升商品的附加价值。

3. 罗列背书，打消顾虑

主播可以罗列各种与商品有关的背书，以给予用户安全感。在直播间，主播可以参考的商品背书有以下 3 种。

（1）名人背书

名人可以是商品的代言人、推荐人，也可以是商品的技术研发团队、品牌的推荐人，还可以是与商品研发相关的权威组织或其他有公信力的组织机构。

（2）数据背书

数据主要是指用户使用效果的统计数据。例如，主播在推荐洗手液或香皂时，可以比较不同洗手方式的除菌效果，并用数字来呈现两者的差别；在推荐手机时，可以进行该手机与其他手机的耗电量对比、处理器跑分对比、各种应用打开速度对比等。这些数据都有助于用户相信主播正在介绍的商品使用了更好的配料或拥有更高的配置。

需要说明的是，数据的出处要有依据，最好是由具备公信力的第三方机构（非品牌商）出具。

（3）用户案例

列举典型用户的使用案例和正面反馈，可以增强用户对商品的信任。例如，秋叶团队的"Word 姐"在直播间推荐《Word 排版速成攻略视频课》课程时，就采用了列举典型用户案例的方法，具体如下。

"我有个大学生学员特别机智，靠给学长、学姐做毕业论文排版，每份收费150 元，一个月赚了 2000 多元，还提升了自己的职场技能。这种兼职方法大家觉得好不好？想不想学？"

一个用户群的需求往往是一致的。主播通过列举典型用户的案例，更容易获得其他用户的信任。

4. 对比价格，促成交易

最后一步，是主播通过价格对比话术，让用户相信在直播间购买商品是划算的，从而完成在直播间购买商品的行为。主播可参考的价格对比话术主要有以下3种。

（1）竞品价格对比

竞品包括直接竞品，也包括解决同类需求的商品。例如，主播推荐的商品是小米电动牙刷，可以用来进行价格对比的商品就包括其他品牌的电动牙刷、传统牙刷和漱口水。在这些可以对比的商品中，主播就需要选择对比结果能体现小米电动牙刷价格优势的两三个竞品，在直播间公开对比。

（2）价格均摊

价格均摊，即主播把商品的价格按照使用时间均摊到更小的时间单位中。例如，一个180元的商品，在直播间并不便宜；但用户每天使用，可以使用三个月，均摊到每天，相当于一天只需要2元。这样算起来，就不那么贵了。

在此基础上，主播还可以进一步进行价格引导，例如"一天只需要花费××元，就可以让你拥有××"，在这样的对比下，用户就会更关注商品的使用价值，而不是价格。

（3）价格转化

价格转化，就是主播将商品的价格与其他常见商品的价格进行对比，以增强用户对商品的使用感知度。例如，主播在向用户推荐一本书时，可以将书的价格与用户的日常消费进行对比。主播可以说："在××（主播）直播间，这本书只需要20元，只是一杯奶茶的价格。用喝一杯奶茶的钱，来买一本书，了解一些××方面的知识，解决××方面的困惑。"

主播若是将价格均摊与价格转化的方法结合起来，就更容易让用户多关注商品的使用价值，而不是价格。

课堂讨论

看一场知名主播或知名品牌的直播，看一看主播在介绍商品价格时使用了哪些话术技巧。

8.4　直播间的促销策略

开展促销活动，是提升直播间商品销量的有效方式。然而，由于竞争激烈，各个渠道的商家进行促销活动的周期越来越短，这就导致用户对普通促销活动的兴趣越来越低。因此，直播团队要尽可能策划与众不同的促销活动。

直播团队可以考虑从以下三个角度来设计促销活动。

▶▶▶ 8.4.1　节日型促销

直播间的节日型促销，是指利用春节、元宵节、劳动节、儿童节、端午节、母亲节、父亲节、国庆节、中秋节、元旦等传统及现代的节日开展促销活动，以吸引大量用户到直播间购物。

对于各种线上和线下的零售渠道而言，每一个节日都是一个促销机会。但节日不同，促销策略也应有所差异。

开展节日型促销，需要做好以下三方面的工作。

1. 确定促销时间

虽然是节日型促销，但并不意味着促销活动只能在节日当天进行，也不意味着促销活动只有一天。甚至对于某些节日来说，节日当天反而并不是最佳的促销时间。

以春节为例，在春节开展促销，并不是在"大年初一"开展促销，而是应该在"春节前七天"就开展促销，因为这段时间是人们采购过年物品的主要时间。

2. 确定促销主题

不同的节日有不同的促销主题设计方法。可供参考的节日型促销主题关键词如表 8-3 所示。

表 8-3　可供参考的节日型促销主题关键词

节日	促销主题关键词	举例
春节	过年、红包、送礼	送给父母的过年礼物，年货节好物清单
元宵节	猜谜	共设谜语××条，猜对谜语赠送礼品
情人节	浪漫、爱情、甜蜜	情人节女士礼物篮，情人节男士礼物篮
劳动节	长假、福利	五一小长假福利，五一小长假低价总动员
儿童节	儿童节、童年、快乐、回忆	给孩子的礼物，找回童年
母亲节/父亲节	母爱、父爱	给母亲的礼物，给父亲的礼物
教师节	老师	教师节"走心"礼物，致敬可爱的老师
国庆节	国庆、长假	国庆放"价"，国庆福利
中秋节	金秋、中秋、团圆、月饼	金秋"豪"礼
元旦	新年、元旦、跨年	跨年福利大放送

3. 确定促销商品和价格

确定促销主题后，即可依据主题选择符合主题的商品，并确定合适的促销价格。

在此需要注意，促销价格需要有吸引力，但并不是价格越低越好。在促销活动中，让利幅度应控制在合理的范围以内，直播团队要根据直播间的定位风格、产品的价值，制订一个合理的促销价格。如果直播间的定位是推荐有品质的商品，那么超出合理范围的低价，可能还会破坏老用户对直播间的信任感——要么觉得直播间以前的商品定价过高了，受到了欺骗；要么觉得这次超低价商品的品质可能会略差一些。

因此，在确定促销商品和价格时，直播团队要通过准确定位、诚信选品、适当让利的方式让用户觉得在直播间购物是"划算的"，从而相信直播团队。

课堂讨论

想一想，对于即将到来的节日，可以策划什么样的促销主题，以及符合这个主题的商品有哪些？

》》》8.4.2 时令型促销

在直播间，时令型促销分为两种，一种是清仓型促销，另一种是反时令促销。

1. 清仓型促销

清仓型促销，是在一个季节过去大半时，将前段时间的热销商品进行一波"清仓大甩卖"，或者是对销量不太好的商品以"甩卖""清仓"的名义让喜欢低价的用户前来"抢购"；或者是在新品即将上市时，将上一代商品以"尾货清仓"的名义降价销售；抑或在年底集中进行"年末清仓"。例如，某服装品牌以"年底大清仓"为主题在抖音平台进行直播，如图 8-1 所示。

图 8-1　以"年底大清仓"为主题的直播

2. 反时令促销

反时令促销，是指销售与季节需求不符的商品。大多数用户的消费习惯都是按时令需求进行消费，缺什么才买什么。销售商品的商家一般也是如此，即按时令需求供货。这就造成有明显夏季和冬季需求属性的商品，在一年中仅有三个月的销售期。商家错过这三个月，这些商品就会积压在仓库。这就增加了商家的经营成本。因此，对于生产厂商而言，其很可能愿意以较低的价格出售仓库里的过季商品。而直播团队与这些商家合作，也就更容易得到有吸引力的价格支持。

而对于不那么注重"流行元素"的用户来说，能够以较低的价格买到未来几个月后需要的商品，会觉得很划算。因此，当主播在直播间以极有吸引力的价格销售这些反季节的商品时，例如在夏季销售羽绒服、大衣、取暖电器等冬季常用的商品，很多用户往往会因为商品便宜而购买。

当然，这样的促销方式不宜常用。大多数用户的消费观念都是"买新不买旧"。尤其是年轻用户，相对于价格来说，他们更看重的是商品带给自己的心理满足，因而更关注也更喜欢购买新上市的商品。

 课堂讨论

你和你的朋友，是喜欢购买低价的过季商品，还是喜欢购买高价的新上市商品？

8.5 直播间的用户管理

吸引用户关注，将用户变成主播或直播间的粉丝，是促进直播转化的基础。庞大的用户关注数量会优化直播间的营销数据，也会提升直播间的商业价值。因此，直播团队需要做好用户运营，以提升用户对主播和直播间的信任与黏性。

直播团队进行直播间用户的管理，首先要了解进入直播间的用户类型和用户心理。根据用户在直播间的购物意愿，进入直播间的用户可以分为四种类型。不同类型的用户，对直播间的期待是不同的。

1. 高频消费型用户

高频消费型用户，即经常在直播间购买商品的用户。这类用户已经通过长期在线与主播互动以及大量的购买行为，积累了与主播较为深厚的社交关系，这些用户有稳定且习惯的购物环境和购物预期。对于这类用户，直播团队要做到以下几点。

（1）确保直播间商品品类的丰富。这一类型的用户与主播已经构建了黏性较强的关系。这种关系是建立在主播及直播间能给用户带来可靠、贴心的购物体验的基础上的。因此，要维护与这类用户的关系，直播团队需要持续地为这些用户提供丰富的商品。

（2）确保商品质量可靠并拥有价格优势。这一类型的用户经常进入主播的直播间，主要目的是购物。而高质量的商品和较低的价格，是吸引用户在直播间购买商品的主要原因。因此，直播团队要尽可能提供物美价廉的商品。

（3）积极互动。这一类型的用户之所以会对主播的直播间兴趣较大，除了上述两个原因之外，还因为他们能在主播的直播间得到一种情感上的满足。例如，用户得到了主播的热情互动，得到了主播的公开认可，或者得到了主播赠送的礼物等。这意味着，主播在直播时如果看到这类用户，更需要与之积极互动，积极回复这类用户的问题，以强化用户对主播及其直播间的认可度，增强用户的黏性。

2. 低频消费型用户

低频消费型用户可能已经认识主播很久了，但只是偶尔进入主播的直播间，且在直播间购物的次数也很少。之所以会出现这样的情况，主要原因可能有三点：一是用户不信任主播，担心商品的质量问题和售后问题；二是用户没有在直播间看到自己想买的商品；三是经济条件限制，用户觉得直播间商品的价格过高。

基于此，直播团队可以通过以下方法提升这一类型用户的黏性。

（1）提升用户对主播及直播团队的信任度。主播需要专业而客观地介绍商品的优点及不足之处，以便让用户快速了解某一款商品是否适合自己。

（2）让用户在直播间找到自己喜欢的商品。直播团队不但要提升直播间商品品类的丰富度，还要注意提升同一商品的规格丰富度。例如，对于同一品牌的口红，直播团队可以尽可能提供多种色号；对于同一品牌的外套，直播团队可以提供多种风格，以满足用户在不同场合的需求；对于同一款零食，直播团队可以提供不同的口味。这样，用户在直播间才能有更多的选择，才可能从中挑选自己喜欢的一款商品。

（3）让在意价格的用户在直播间产生购买行为。直播团队需要时常针对这类用户策划福利活动，如提供新客专属福利、"新粉"专属福利，或者定期抽奖、定期赠送优惠券等，降低这类用户的购物门槛。

此外，对于这类用户，主播还需要在助理的帮助下尽可能快速回复用户提出的问题，以增强用户对主播的好感。

3. 随便转转的平台老用户

随便转转的平台老用户通常对电商直播的模式有所了解，已经在其他主播的直播间产生过购物行为，已经关注过其他一些主播。但他们关注的主播可能在这个时间没有开播，或者关注的主播的直播间没有其想要购买的商品，因而在直播平台随便看看，偶然转到了主播的直播间。

这种类型的用户只是偶然进入主播的直播间，还没有建立对主播的认知和信任，对主播推荐的商品还处于观望状态。

对于这类用户，直播团队可以通过以下两种方法让其成为自己的高频消费型用户。

（1）提供新客专属福利。直播团队可以对新用户提供专属福利，如额外赠送商品、价格减免等，以降低其试错成本。

（2）建议其购买性价比高的"印象款"商品。由于"印象款"商品的口碑较好，能增强用户对直播间的好感度，以及建立用户对直播间的初步信任，因此，直播团队可以用低价、有品质保证、口碑较好的"印象款"商品吸引用户进行第一次消费，增加其再次光顾直播间的可能性。

4. 直播平台新用户

直播平台新用户可能只是经朋友介绍或受媒体影响才尝试去观看直播。这类用户的习惯购物渠道是电商平台，而不是直播平台。他们还不太了解直播"带货"模式，对直播"带货"主播的信任感也不强，也不太清楚直播间购物的操作流程，不知道如何领取优惠券、参与抽奖。

对于这类用户，直播团队需要做到以下几点，以吸引这类用户在直播间尝试购物。

（1）展现热情和专业度。对于新用户来说，主播的热情互动以及对商品的专业介绍，可以增强新用户对主播的好感，从而对主播产生良好的第一印象。

（2）加强消费引导。这类用户进入直播间，可能是想要尝试在直播间购物。因此，主播对于这类用户要加强消费引导，强调在直播间购买商品所能得到的优惠，要利用优惠券、红包、抽奖等方式来降低用户的尝试门槛，增强用户的购买意愿。

（3）积极引导关注。这类用户不管有没有购买直播间的商品，都是直播间的潜在用户，主播都要尽可能引导其成为直播间的粉丝，因而要积极地引导他们关注直播间，以便第一时间为其推送直播信息。

 课堂讨论

想一想，你和你的朋友是出于什么原因进入某位主播的直播间的？

思考与练习

1. 直播营销话术的设计要点有哪些?
2. 假设自己是一个主播，请为自己设计一个自我介绍话术。
3. 简述在直播间派发红包的技巧。
4. 简述在直播间送福利的方法。
5. 简述直播间的用户管理方法。

第8章 直播间的营销管理

第 9 章
直播复盘

【知识目标】
（1）了解直播复盘的基本步骤。
（2）掌握直播复盘的数据分析。

9.1 直播复盘的基本步骤

直播的结束，并不是一场直播活动的终点，直播团队还需要进行直播复盘。每一个直播团队都应养成定时复盘的习惯。通过直播复盘，直播团队可以找出直播过程中的不足之处，或者提前发现一些未暴露出来的问题，从而查漏补缺，不断地优化直播过程，提高直播成绩。

一般情况下，直播复盘可分为 5 个基本步骤，即回顾目标、描述过程、分析原因、提炼经验、编写文档。

1. 回顾目标

直播复盘的第一步，是回顾刚刚结束的那场直播的目标。

目标是否达到，是评判是一场直播成功与否的标准。将直播的实际结果与目标进行对比，直播团队就可以明白一场直播的营销成绩究竟如何。

回顾目标的环节，拆分后有两个小步骤：展示目标、对比结果。

（1）展示目标

在直播之前，直播团队往往已经根据实际情况制订了合适的目标。此时，只需要把目标展示出来即可。

展示目标时，直播团队可以将既定目标清晰、明确地展示在复盘会议中的一个显眼之处，例如写在白板上，或者投影在屏幕上，让团队的所有成员都能看到，实时回顾和对比，从而确保整个复盘过程都是围绕目标进行的。

（2）对比结果

对比结果，即直播团队将直播的实际结果与希望实现的目标进行对比，发现两者的差距。只有了解两者的差距，才能在后续的复盘过程中分析造成这种差距的原因，探究实现目标的有效方法。

在直播复盘的过程中，结果与目标的对比往往会有3种情况：结果比目标好、结果与目标一致、结果不如目标。

由于回顾目标的目的是为了发现存在的问题，为后续的分析提供方向，因此，直播团队在后续的分析中就需要重点分析：结果与目标不一致的地方在哪里，为什么会出现这样的差距。

2. 描述过程

描述过程是为了找出哪些操作过程是有益于目标实现的，哪些操作过程是不利于目标实现的。描述过程是分析现实结果与希望目标差距的依据。因此，在描述过程时需要遵循以下3点原则。

（1）真实、客观。直播团队需要对直播的整个工作过程真实、客观地进行记录，不能主观地美化，也不能进行有倾向性的筛选。

（2）全面、完整。直播团队需要提供直播过程中各个方面的信息，而且每一个方面的信息都需要描述完整。

（3）细节丰富。直播团队需要描述在什么环节，谁用什么方式做了哪些工作，产生了什么结果。例如，在直播开播前，哪些人在什么时间、什么平台发布了什么引流内容，这些引流内容分别是什么类型，观看量有多少，反馈评论有多少，评论回复有多少等等。整个直播过程的细节并不需要全部描述，对于各种有因果联系的细节，直播团队才需要详细描述。

描述过程时，直播团队可以从直播策划开始说起，按照工作推进的过程，分阶段地进行文字记录，尽可能达到"情景再现"的程度。

需要说明的是，文字记录虽然比口述的操作麻烦一些，却是最合适的描述过程的方法。因为通过文字记录，直播团队的每个人都可以很轻易地检查出遗漏的信息、不完善的信息或虚假的信息，并对记录内容进行修改和完善，从而为后续的复盘工作提供一个较为可靠的分析依据。

3. 分析原因

分析原因是直播复盘的核心步骤。直播团队只有把原因分析到位，整个复盘才是有成效的。

分析原因时，在通常情况下，直播团队可以从"与预期不一致"的地方入手，开启连续追问"为什么"的模式。经过多次追问后，往往能找到问题背后真正的原因，从而找出真正的解决办法。

追问"为什么"，可以从以下 3 个角度展开追问。

（1）从"导致结果"的角度，问"为什么会发生"

（2）从"检查问题"的角度，问"为什么没有发现"

（3）从"暴露流程弊端"的角度，问"为什么没有从系统上预防（事故/糟糕的结果）"。

直播团队从这 3 个角度，连续追问多次"为什么"，往往可以得出各自角度的结论。这些结论可能就是问题形成的根本原因。

4. 提炼经验

经过"分析原因"的环节，直播团队往往已经能够认识到一些问题，甚至还能总结出一些经验和方法。然而，这样归纳出来的经验和方法并不能直接使用，任何一个结论都还需要进行逻辑推演，看看是否符合因果关系，即是不是符合"因为做了哪些事情，所以出现了什么结果"。只有符合因果关系的结论，才是可参考的结论，归纳出来的经验和方法也才是有指导价值的。

进行逻辑推演时，直播团队可以按照各种小结论、工作环节的"可控性"进行判断。

根据可控程度的不同，可控性可以分为可控、半可控、不可控三个类别。

- 可控，是指直播团队可以控制全部的工作环节和工作成果。

- 半可控，是指直播团队只能控制部分的工作环节和部分的工作成果，还有一些环节和成果是无法控制的。

- 不可控，是指直播团队的工作成果由直播团队之外的其他人或其他事物来决定，完全不由自己控制。

不难看出，"可控部分"及"半可控环节中的可控部分"，是直播团队可以在之后的工作中改进的部分，可以作为经验保存下来，并用来指导后续的直播工作。而对于"不可控"部分，由于直播团队无法预判结果，其相关结论在下次直播时可能就不会出现，因而就不具备指导意义，也就不能作为经验或方法。

可见，直播复盘的核心，就是要从一场具体的直播中提炼出经验和方法，从而解决直播工作中出现的一个问题甚至一类问题，从而提升直播营销的成绩。

5. 编写文档

编写文档，是将直播复盘过程中发现的问题、原因，以及得出的经验和改善方法，以文字的形式固化下来，编写在册。

表 9-1 所示为复盘文档格式。

表 9-1 复盘文档格式

（复盘主题）关于××（时间）××直播主题的复盘			
复盘直播场次		直播主题	
直播时间		复盘时间	
复盘会议参加人员			
回顾目标			
实际结果与目标对比			
描述过程			
分析原因	（与目标不一致的地方是什么？是什么原因造成的？如何改进？）		
提炼经验			
经验适用范围			

编写文档，看起来只是一个微不足道的环节，但对直播团队的直播运营知识的提升有非常重要的作用。

首先，编写文档可以为直播团队留下最真实、准确的记录，避免遗漏或遗忘。

其次，编写文档将工作过程、工作经验变成具有一定逻辑结构的显性知识，可查阅，可传播，可以避免直播团队在同样的知识上再次支付学习成本。

最后，文档方便存储，也方便提取。直播团队可以在后续工作需要时，快速拿来借鉴使用，提升工作效率。

此外，文档还有利于直播团队进行对比学习。直播团队不断地将刚刚完成的直播与过去存储的经验文档进行对比，往往可以提升对事情本质的认识，甚至提炼出新的认识事物的方法。

总之，编写文档虽然不是直播复盘过程的核心环节，却是直播团队学习的一个重要资料来源，是不可或缺的环节。

课堂讨论

看一场直播，并与同学们一起为它进行一场简单的复盘，看看这场直播存在哪些问题，以及如何改进。

9.2 直播复盘的数据分析

一场直播营销活动往往会产生很多数据，如直播时长、用户停留时长、用户互动数、用户增长数、商品点击率等。这些数据往往反映了一些问题。因此，在直播复盘环节，直播团队也需要对这些直播数据进行分析。

▶▶▶ 9.2.1　数据分析的基本步骤

直播团队进行数据分析有一套比较规范的操作步骤，即明确目标、采集数据、整理数据、分析数据及编制报告。直播团队需要遵循这个流程进行数据分析。

1. 明确目标

明确目标，即确定数据分析的目标。一般情况下，直播团队进行数据分析有以下3个目标。

（1）查找问题。即寻找直播间数据上下波动的原因。

（2）优化内容。直播团队通过数据分析寻找直播内容的优化方法，从而提升直播活动的营销效果。

（3）优化运营。通过数据规律推测平台算法，从而提升直播间运营的效果。

2. 采集数据

对于当前的直播行业来说，直播团队可以通过直播平台账号后台来采集数据。

各个直播平台的账号后台，一般都会有直播数据统计，直播团队可以在直播过程中或直播结束后通过账号后台获得直播数据。

例如，在淘宝直播平台，主播一般利用淘宝主播 App 进行直播。直播结束后，直播团队可以通过下方导航栏"我的"进入账号后台页面，通过"我的直播"选项，进入"直播列表"页面，选择需要进行数据分析的直播，点击（见图9-1），即可进入"淘宝直播-智能数据助理"页面。

在"淘宝直播-智能数据助理"页面下方有一项"数据说明"，如图9-2所示，点击"点此跳转"按钮，即可进入"智能数据助理"提供的"场次数据"页面。

图9-1　"直播列表"页面

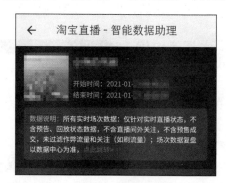

图9-2　"淘宝直播-智能数据助理"页面

在"智能数据助理"页面，可以通过"查看我的直播核心数据"（见图9-3），了解详细数据。

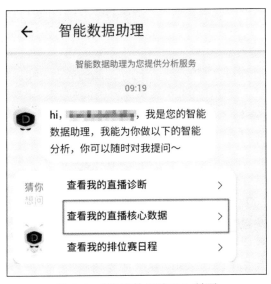

图9-3 "智能数据助理"页面

3. 整理数据

整理数据，即对采集的数据进行核对修正、整理加工，以方便后续的分析。通常来说，整理数据包括数据的核对修正和数据的统计计算两方面的工作。

（1）数据的核对修正

直播团队不管通过什么方式获取的数据，都可能出现失误，因此，在正式进行数据分析之前，需要先对数据进行核对。如果发现数据异常，需要综合各方面的数据进行修正，以保证数据的准确性、有效性和可参考性。

（2）数据的统计计算

直播团队完成数据的核对修正后，即可进行数据的统计计算。数据的统计计算包括数据求和、平均数计算、比例计算、趋势分析等。为了提高工作效率，直播团队可以使用Excel的相关功能对数据进行统计计算。

4. 分析数据

直播团队对数据进行整理后，即可进入分析数据环节。目前，最常用的分析数据的方法是对比分析法和特殊事件分析法。

（1）对比分析法

对比分析法，是指将实际数据与基数数据进行对比，通过分析实际数据与基数数据之间的差异，了解实际数据及查找影响实际数据因素的一种分析方法。

根据对比基数的不同，对比分析法可以分为同比分析和环比分析。

同比，是指当前时间范围内的某个时间位置与上一个时间范围内的同样时间位置的对比。例如，周同比的"本周一与上周一对比"，月同比的"12月11日与11月11日的对比"，年同比的"2021年1月5日与2020年1月5日的对比"，等等。

环比，是指当前时间范围与上一个时间范围的数据对比。例如，日环比是指"今天与昨天的对比"；周环比是指"本周与上周的对比"；月环比是指"本月与上月的对比"；年环比是指"今年与去年的对比"。

（2）特殊事件分析法

通过对比分析，直播团队往往可以找出异常数据。异常数据是指偏离平均值较大的数据，不一定是表现差的数据。例如，主播在一段时间内，每场直播的新增用户数在100～200个，但刚刚完成的那场直播，新增用户数达到500个。本场直播的"新增用户数"与之前相比偏差较大，即属于异常数据。直播团队就需要采用特殊事件分析法来查找出现异常数据的原因。

异常数据往往与某个特殊事件有关，如直播标签的更改、开播时间的更改、封面风格的更改等。因此，直播团队在记录日常数据时，也需要记录这些特殊事件，以便在直播数据出现异常时快速找到数据变化与特殊事件之间的关系。

5. 编制报告

数据分析的最终结果需要汇总成数据分析报告。由于直播团队在数据分析过程中使用了大量的图、表，因此，一般用PPT的形式来编制数据分析报告。

数据分析报告一般可分为开篇、正文和结尾3个部分。其中，开篇由目录、前言组成，正文主要阐述观点和论证观点，结尾由结论和建议组成。

（1）开篇

开篇包括目录和前言两部分。

其中，目录是数据分析报告的整体大纲，要求结构清晰、逻辑有序，以便让阅读者可以快速了解整个报告的内容。目录一般需要直播团队按照"总—分—总"的结构来策划3个部分的内容，即分析目的、分析要点、结论与建议。

前言是对数据分析报告的分析目的、分析背景、分析思路、分析方法、数据结论等内容的基本概括。

（2）正文

正文的观点阐述和论证过程是数据分析报告的核心部分，直播团队需要先概括出清晰、明确的观点，再通过详细的数据图表和解说文字来论证观点。

在此需要注意，在进行数据分析时，直播团队一般通过对一些数据进行分析，从而推导出结论，如图 9-4 所示。这些结论在数据分析报告的正文中就是"观点"，而数据分析过程中的数据图表就是观点的有力论据。

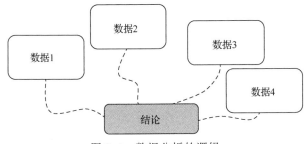

图 9-4　数据分析的逻辑

编制正文的思路与数据分析的过程相反的，编制正文需要先提出观点（结论），再论证观点。这也意味着，直播团队在编制正文时，需要先罗列观点，以厘清正文的编写思路，如图 9-5 所示。

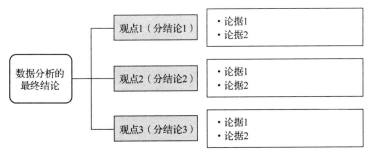

图 9-5　正文的编写思路

（3）结尾

结尾部分的结论和建议是依据正文的观点而总结出的最终结论。结论的表述要求准确、简练、有价值。在结论准确的基础上，直播团队可以提出自己的见解和建议，以便为之后的直播决策提供参考依据。

此外，为了提升数据分析报告的可读性，在确保数据分析报告内容质量的基础上，也可以在 PPT 中加入一些动态展示效果，以提升阅读者阅览报告的兴趣。

课堂讨论

　　在条件允许的情况下，尝试在直播平台开启一场直播，看一看会出现哪些数据？

▶▶▶ 9.2.2 数据分析的常用指标

直播团队在数据采集的过程中，会看到很多数据指标。不同数据指标有不同的意义和价值，直播团队需要了解这些数据指标，分析这些数据指标，从而优化直播方案，进而优化这些数据指标。在此，主要讲述直播团队常用的四种数据指标，即用户画像数据指标、人气数据指标、互动数据指标及转化数据指标。

1. 用户画像数据指标

用户画像数据指标包括用户的性别、年龄、地域、活跃时间（天/周）、来源等。例如，抖音直播平台某主播的用户画像数据如图 9-6 所示。

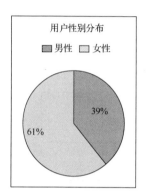
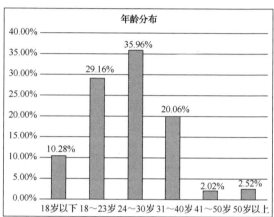

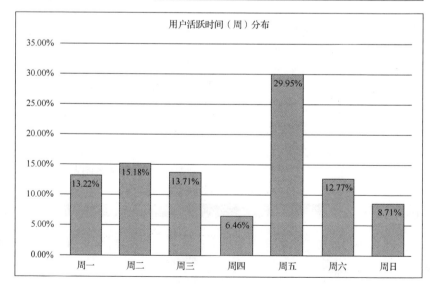

图 9-6　抖音直播平台某主播的用户画像数据

从图 9-6 中可以看出，该主播的女性用户比男性用户多，但两者差别并不是特别大。在年龄分布上，18~23 岁、24~30 岁及 31~40 岁的用户占比较高，这部分用户可能更偏爱有时尚感的商品，且消费能力也普遍较高；在用户活跃时间分布上，用户在周五的活跃度明显更高。

2. 人气数据指标

人气数据指标也叫流量数据指标，人气数据指标包括观看人数、新增粉丝、人气峰值、"转粉"率（新增粉丝数/观看人数）、平均在线、本场点赞、本场音浪、送礼人数等方面的数据。一般情况下，直播团队通过第三方数据分析工具可以采集到这些数据。例如，第三方数据分析工具"灰豚数据"汇总的某知名主播直播间的人气数据如图 9-7 所示。

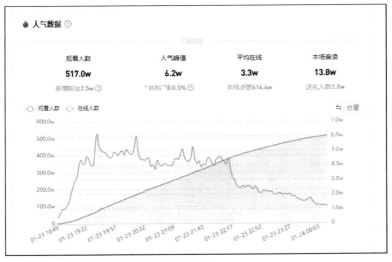

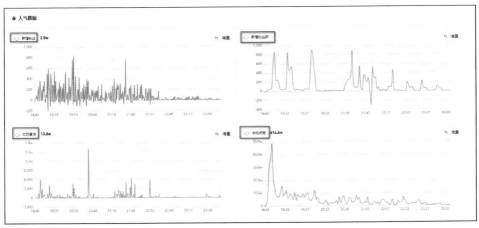

图 9-7　某知名主播直播间的人气数据

根据这些人气数据的波动图，直播团队可以根据人气数据出现波动的时间节点分析数据波动的原因，从而优化直播间的引流方案和互动方案。

3. 互动数据指标

互动数据指标是指用户在直播间的互动行为数据。互动行为主要包含点赞、评论、分享和关注等。互动用户数占直播间用户访问数的比例，即为本场直播的互动率。

除了以上数据之外，直播团队还可以根据用户在直播间的评论内容，通过"词云生成器"制作"评论词云"。"评论词云"是将用户评论中出现次数最多的关键词突出显示，从而让直播团队能够直观地看到用户互动频率最高的内容，进而据此快速地调整直播运营方案。"评论词云"示意图如图9-8所示。

图9-8 "评论词云"示意图

4. 转化数据指标

转化数据指标是指引导成交的数据。在淘宝直播平台，转化数据指标主要包括两项内容，即商品点击次数和引导成交金额。

其中，商品点击次数是指用户点击直播商品进入详情页及直接将直播商品加入购物车的总数据。引导成交金额是指用户通过直播间的引导把直播商品加入购物车并且支付成功的总金额。

如果商品点击次数过少，那么，直播团队就可以初步判断，主播推荐商品的力度或商品本身的吸引力是不足的，需要找出不足之处，积极改善推荐方法。

如果商品点击次数多，但引导成交金额少，那么，很可能是商品口碑、商品详情页或商品定价存在问题，从而影响了用户的购买决定。直播团队需要优化选品环节，优化直播间的商品配置，或者优化商品的促销方式。

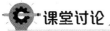课堂讨论

　　在条件允许的情况下，尝试在直播平台开启一场直播，并对比后台的直播数据，评估这场直播的优点和缺点。

思考与练习

1. 简述直播复盘的基本步骤。
2. 简述数据分析的基本步骤。
3. 数据分析的常用指标有哪些？各项数据指标有什么作用？

第10章
直播营销的经典案例分析

【知识目标】
（1）了解几位知名主播的成功之道。
（2）从案例中了解各种直播营销策略的作用。

10.1　李佳琦的直播案例分析

2020 年 10 月 22 日是淘宝 2020 年"双十一"活动的"预售"第一天。那天晚上，有 1.6 亿人进入李佳琦直播间，给出了 2.56 亿的点赞量。那一晚之后，出现了一个新的网络热词叫"琦困无比"。该词语的解释是：形容"蹲守"李佳琦直播间"蹲"到犯困，但仍然坚持看完直播的状态。

为什么人们会这样"认真地蹲守"李佳琦的直播间？

那天晚上，有人没有在李佳琦的直播间抢到面膜，只好转而去品牌店铺买。但最后算下来，可能"亏了 100 元"。若是在李佳琦的直播间买那款面膜，花 389 元可以买 48 片面膜（买 20 片送 28 片），平均一片约为 8.1 元；而在品牌店铺则需要花 419 元才能买 40 片面膜（买 20 片送 20 片），平均每片约为 10.5 元。这样比较的结果就是，在品牌店铺买面膜，大概多花 30 元还少买到 8 片。难怪李佳琦在直播间一直提醒"粉丝"："所有女生不能睡！一睡几十元就没了！"

那么，李佳琦的直播间是因为低价才吸引大量用户的吗？

其实，李佳琦直播间的商品并不是低价商品。2020 年 10 月 20 日的直播场次中，直播间上架了 126 件商品，其中不乏"到手价"（实际购买的价格）超过 1000 元的商品。例如，"到手价" 1240 元的护肤品套装，"到手价" 1499 元的羽绒服，"到手价" 6580 元的按摩椅等。那一场直播，商品销售量约是 829.05 万件，客单价约是 401.63 元，销售额约为 33.30 亿元。其中，很多商品的销售量超过 30 万，多款商品的销售额突破 1 亿元。

看李佳琦的直播成绩，可能会让人觉得：在李佳琦直播间买东西的人，都是冲动型消费，其实不然。

在李佳琦直播间购物的用户，大多都不是盲目的，甚至还有很多人是很谨慎的。他们会选择可信赖的购物渠道，选择质量可靠的商品。他们虽然有在直播间购物的习惯，但并不会随便在某个主播的直播间购物，更不会在直播间购买不认识的品牌。他们选择在李佳琦的直播间购物，是因为李佳琦及其团队有信任背书。他们相信，李佳琦和李佳琦的团队，能拿到知名品牌的折扣价。

从这个角度来看，李佳琦之所以能一直保持在头部主播的位置，且一直拥有强大的直播间消费号召力，主要原因在于他和他的团队在以下 3 个方面做到了"极致"。

1. 专业的选品团队负责严格的选品流程

李佳琦有一个专业的选品团队。这个选品团队有 40 多人。这些人主要负责招商、选品、质量检测等与商品相关的工作。这个选品团队的工作有以下 4 个特点。

（1）李佳琦的选品团队只选货源为官方旗舰店或官方国际旗舰店的商品，这是李佳琦团队选品的第一硬性标准。

（2）李佳琦的选品团队拥有让知名品牌商定制赠品的能力，也愿意为用户去争取更多的优惠。

李佳琦的直播间曾经销售过某知名品牌的精萃液，该商品在官方旗舰店的价格是 1160 元/150mL。这个价格对很多用户来说都"偏贵"。因此，官方旗舰店经常会赠送一些赠品。例如，赠送一个片装的面霜小样、焕肤水小样等。但这些赠品在李佳琦的选品团队看来都是不够有吸引力，他们要求品牌商把"双十一"直播时的赠品换成 4 个面霜小样（合计 14mL），理由是"用户能买这么贵的精萃液，一定是认可这个品牌，体验过面霜小样后，一定会去买大瓶（正装）的。" 15mL 面霜的正装价格为 800 元。也许是赠品价格太高，双方讨价还价后，最后直播间上架的是 2 瓶精萃液的套装，价格为 2320 元，赠品为共计 28mL 的面霜小样和品牌专属化妆包。虽然商品的单价并没有降价，两瓶组合装还提高了购买门槛，但算上赠品，相当于打了 6 折。因此，这款商品很快被抢购一空，远远超过品牌商的预期。

（3）李佳琦的选品团队会配置能够满足不同用户群体消费需求的商品。

以护肤精华为例，李佳琦的选品团队在选品时会选出六瓶不同特点的护肤精华，即一瓶平价、一瓶高价、一瓶维稳（维护肌肤的稳定状态）、一瓶保湿、一瓶美白、一瓶抗衰老。这样，不管进入李佳琦直播间的用户有什么特别需求，用户只要有购买护肤精华的需求，李佳琦就能为其推荐一个精准的商品。

（4）李佳琦团队的选品流程有严格的质检流程。

李佳琦的选品团队中，有一支质检小团队，团队成员具有生物化学、食药品监督管理、材料学、纺织工程等专业知识背景，且持有各自专业领域的专业证书，如化学员分析证、高级食品检验员证书。

在直播间之前，质检小团队会参与商品筛选流程中的"选品会""最终质检"及"售后"三个环节的质检工作。

在"选品会"环节，质检小团队主要以"合规的角度"来审视每一款商品。例如，一款衣服的手感和面料有没有问题。只要有可能影响用户的使用体验，商品就会被淘汰。

在"最终质检"环节，质检小团队主要负责检查商品、品牌、生产厂家是否合规合法、是否资质齐全，监测商品及其品牌的舆情口碑，判断商品的卖点文案是否合规、有无夸张宣传的情况，某些功效宣传有没有特证（特证，即国家食品药品监督管理总局盖章认证的"国产特殊用途化妆品行政许可批件"）。例如，自称有美白功效的商品，质检小团队就需要核对其是否有美白特证。

在"售后"环节，当用户有售后问题时，质检小团队也会出面协同品牌、生产厂家及直播平台来帮助用户解决问题。

2. 多元化的直播内容

李佳琦每场直播的时长一般为 3～6 个小时，单场直播推荐商品一般 20～70 种。如果每种商品介绍形式都一样，用户难免会厌倦。而李佳琦的直播间，提供了多元化的直播内容，既能留住用户，又能展示商品卖点。

李佳琦直播间多元化的直播内容，主要体现在以下 4 个方面。

（1）现场体验

李佳琦在介绍商品时，经常会亲自试用。例如，李佳琦在介绍口红时，将口红涂抹在手上或直接涂抹到自己嘴唇上试色；在介绍面膜、洗面奶等护肤品时，直接让助理配合试用，李佳琦则在一旁负责讲解功能、成分。李佳琦通过现场试用，加强视觉传达，将现场体验穿插于整场直播中，可以降低用户的重复感，让用户留下来。

（2）趣味实验

李佳琦在直播间经常会用趣味实验展示商品的核心卖点。例如，为了验证某品牌散粉的控油定妆，李佳琦在直播间做了一个趣味实验：在助理一只手的手背上涂抹精油，以模仿肌肤出油，此时不用散粉，在出油的肌肤上撒上珠子，珠子会粘在肌肤上；在另一只手的手背上，也涂抹精油，以模仿肌肤出油，但随后在出油的肌肤上拍上散粉，此时再在手背上撒珠子，珠子会滑落（见图10-1）。这样的对比试验，直观地展示了化妆后用散粉来控油定妆的必要性。

图 10-1　李佳琦在直播间进行的散粉实验

（3）细节展示

李佳琦在介绍美食类商品时，打开商品包装后会先放到镜头前展示食物细节，如嚼劲十足的牛肉干、喷香的煲仔饭、清脆的饼干、松软的蛋糕、酸酸甜甜的西梅……再配合现场试吃，在视觉、听觉的双重刺激下，吸引用户完成下单。

（4）讲述故事

一场直播的时长通常为3～6个小时。在这段时间里，李佳琦虽然要推荐很多商品，但还是会抽出时间来讲很多故事，如自己跟厂商谈价的故事、商品背后的故事、自己和周围的人或直播间用户体验商品的故事……这样的直播内容，会让用户感觉李佳琦是一个真实的、有感情的人，用户会忽略其商业化的一面，从而更愿意相信他。

3. 有说服力的销售话术

李佳琦直播时的销售话术主要包含5个方面：一是还原场景，二是抬高需求，三是展示亮点，四是灌输理念，五是促进成交。在此，以李佳琦推荐朵梵精华液的直播话术，进行话术解析。

（1）还原场景

话术：有没有那种，一遇烫水，一遇热水，脸就泛红的女生，一用养肤性特别强的精华面霜，整个皮肤就红肿的女生在不在？肌肤爱长痘痘的女生在不在？长了痘痘有粉色痘印的女生和脸部红血丝很严重的女生在不在？

解析：描述明确的需求场景，能激发目标用户的情绪，引起目标用户的注意。

（2）抬高需求

话术：我给你推荐一款李佳琦自用的修红精华液，你只要肌肤不舒服，用这一瓶修红精华液就是可以稳住你肌肤。

解析：帮助目标用户总结出其需求，并告诉用户这个需求不难被满足。

（3）展示亮点

话术：它的价格虽然贵，但是它真的好用，为什么？朵梵是雅诗兰黛集团旗下专门做芳疗的护肤品牌。他们的这款精华液就是帮你镇定、修复和维稳皮肤，让你的皮肤不过敏，让你的肌肤都舒缓下来。

解析：强调公司品牌及商品的功能，打消目标用户的消费顾虑。

（4）灌输理念

话术：我就一句话，相信我！有经济条件的，买它！你把你的皮肤调整好状况之后，再去用其他品牌化妆品，效果才会更好。这是我的自用款精华液！

解析：说出自己的护肤品消费理念，并用李佳琦自用款进行信任担保，以增强用户对商品的可信度。

（5）促进成交

话术：今天给大家做的是限量包装，精华液大瓶为 50mL，还附赠他们家亮灯化妆镜，还会送一瓶他们家最有名的橙花精露，还有 5mL 的舒缓面霜，然后直播间还赠送 5mL 的舒缓精华液，再加两瓶 50mL 的洗面奶，这么多商品到手，只要 680 元，直播间只有 1600 套。3、2、1，上链接，来咯！

解析：多赠品、限时、限量，促使还在犹豫的目标用户尽快下单并完成交易。

综上，正是通过以上 3 个方面的日益优化，李佳琦的"专业人设""可靠人设"也在不断地被验证、被进一步加强。以至于，李佳琦在直播间说"李佳琦自用款"，就等同于给用户吃了一个"定心丸"，李佳琦说"这是佳琦今天都要抢的商品"，用户就会放心购买。可见，在直播营销过程中，专业，才能让人信服；可靠，才能引人追随。

课堂讨论

在条件允许的情况下，看一场李佳琦的直播，说一说他的直播有哪些特别之处。

10.2 薇娅的直播案例分析

薇娅是淘宝直播平台上一个全品类主播。薇娅在淘宝生态中有近 4000 万粉丝，其中有 300 多万的"最爱粉"。

薇娅的直播间销售的商品品类非常多，包括零食、美妆、服装、生活用品、汽车、房子、图书、电影票、会员卡、火箭……于是，薇娅的直播间用户也给薇娅取了个昵称，叫"哆啦薇娅"。

薇娅也有一个强大的选品团队，其选品依据主要在于商品"卖点"。例如，选化妆品时，会让选品团队的成员先试用，再投票：好不好看，质感怎么样，会不会买……当然，薇娅的选品团队进行选品时，也都是选择官方旗舰店、品牌直营店、品牌方或品牌代理商进行合作，货源也是比较可靠的。

薇娅的直播，相对来说，主要有以下 4 个方面的特别之处。

1. 抽奖："废话不多说，先来抽波奖"

薇娅每次开场都会说一句标志性的话语："废话不多说，先来抽波奖"。固定的开场形式，久而久之成为其直播间的记忆点，加上奖品丰厚，往往能吸引一大批用户进入直播间等待抽奖。

除此以外，薇娅经常在推荐一款商品后，拿出 5～10 个名额，为用户来一波"口令截屏抽奖"，奖品为刚刚介绍的商品。

"口令截屏抽奖"的操作方式：主播会在抽奖前公布抽奖的关键词，如"哆啦薇娅""六一快乐""屈臣氏"等，用户在评论区回复关键词，助理会通过手机截屏，出现在截屏中的用户账号则表示中奖。而为了确保抽奖公平、公开，助理通常会用镜子展示截屏的过程，截屏后也会将中奖用户名单的截屏放在镜头前展示，并且引导中奖的用户找指定的客服，兑换奖品。

由于每款商品的推荐时间很短，薇娅的直播间几乎每隔 3～5 分钟就会进行一轮抽奖，让用户频繁地参与进来，像玩游戏一样留住用户。

2. "出圈"：多平台自媒体运营，多渠道提升知名度

薇娅及其团队一直通过多个平台开展自媒体运营和参加综艺节目来提升自己的知名度，从而为直播间进行多渠道引流。

（1）自媒体平台

薇娅团队通过在自媒体平台输出薇娅相关的故事、事件来运营"薇娅"的个人品牌，让用户通过各个渠道了解"薇娅"，进而将用户导流到薇娅的直播间。

从运营角度分析，当前主流自媒体平台的特点如表 10-1 所示。

表 10-1　当前主流自媒体平台的特点

平台	内容载体	特征分析
微信公众号	文章	用户精准，适合沉淀用户，强化用户黏性
新浪微博	视频/文章/图集	流量大，平台开放，自带传播属性
抖音	短视频	一二线城市年轻用户居多，内容优质可获得平台推荐
快手	短视频	二三线城市用户居多，内容优质可获得平台推荐
哔哩哔哩	短视频	年轻用户聚集的主要文化社区，优质内容会得到平台和用户的双重支持
视频号	短视频/图集	基于微信生态的短视频平台，潜力大
小红书	视频/文章/图集	年轻学生、白领居多，有较高消费能力
头条号	视频/文章/图集	推荐算法智能，优质内容曝光量大
大鱼号	视频/文章/图集	内容可在 UC、优酷、土豆等平台同步展现
百家号	视频/文章/图集	享受百度流量的优先扶持，易曝光
企鹅号	视频/文章/图集	文章可在腾讯新闻、天天快报等平台同步展现
搜狐号	视频/文章/图集	易曝光、搜索权重高，引流限制少
网易号	视频/文章/图集	与微信同步的文章不容易通过，不宜投入过多

以微信新推出的"视频号"为例，薇娅团队第一时间入驻，并坚持分发短视频，且很多短视频都由专业团队进行打造，该专业团队结合薇娅的人设写台词，并把其日常生活中的视频素材剪辑到一起，做成高品质的女性励志类短视频。不管是封面，还是配图、文案，该专业团队都做得专业而细致。

因此，在视频号推广初期，当普通人发的短视频只有不足 100 个点赞的时候，薇娅讲述自己这几年追梦的故事的短视频，打动了一批人，点赞数超过 3.4 万。很多不认识薇娅的用户偶然看到她的视频，被她的拼搏故事所打动，对她产生了好奇与期待，从视频号一路追到了她的淘宝直播间。

（2）参加综艺节目和谈判节目

在直播事业如火如荼之时，薇娅也频频出现在节目荧屏上。据不完全统计，薇娅参加过的热门综艺如表 10-2 所示。

表 10-2　薇娅参加过的热门综艺

节目名称	播出频道
《向往的生活》	湖南卫视
《王牌对王牌》	浙江卫视
《极限挑战》	东方卫视
《欢乐喜剧人》	东方卫视
《来自手机的你》	芒果 TV

除了参加综艺节目外，薇娅也参加过很多访谈类的节目。例如，2020 年 3 月，薇娅参加网络知名访谈类节目《十三邀》，在节目中讲述了很多早期创业打拼的故事。随后，这段访谈在腾讯视频播放量超过 4000 万，而薇娅的创业故事也被很多自媒体引用到文章中进行分享。

由此可见，直播团队想要提升主播的有知名度，除了要做好直播工作外，还需要运营多个平台、拓展其他的渠道，让主播在更大的人群范围内得到更多的曝光。

3. 提升用户认可度的话术

薇娅在直播间推荐商品时，会使用一些能提升用户认可度的话术。

（1）让人感觉划算

薇娅即使在介绍价格比较高商品时，也能让用户忽视价格因素。例如，薇娅在介绍一款价格较高的加湿器时，会提到"一个中高端的加湿器""店铺比较贵，但我们直播间不贵""原价 799 元，我给砍到 399 元""官方旗舰店的历史最低价是 599 元""水箱很大，可以用 19 小时以上，不用频繁加水""很适合家里有小孩""可以连接手机 App，还没到家时就可以先开启"等。这些话术会让用户忽视价格因素，甚至觉得"划算"。

（2）巧妙介绍商品缺点

没有各个方面都完美的商品。薇娅在推荐商品时，除了介绍商品的优点，也会提到商品的缺点。但是，薇娅在说到商品缺点时，却会从另一个角度将缺点转化为优点。例如，在介绍某个品牌的花洒时，会说"这款花洒有一个缺点，水流有一点点小，但这并不影响使用，这种小水流反而特别适合女生……"

（3）介绍商品的多个使用场景

商品的使用场景决定目标用户群体的范围。而薇娅在介绍商品时会有意识地扩展商品的使用场景，或者说为商品挖掘出新的使用场景，从而扩大商品的用户群体。例如，薇娅介绍某品牌的错题打印机时，会说"孩子整理错题时用"，也会说"记录工作笔记时用，将工作要点、注意要点打印出来贴在记事本上"，还会说"家庭收纳时用，可以将鞋子相片打印下来，贴在鞋盒上，方便查找"。薇娅通过对这三个场景的说明，就相当于将"错题打印机"的用户人群从"学生家长"延伸到"职场人士"，再延伸到"家居整理的所有人士"。

4. 采取多种方式维持新鲜感

薇娅全年直播数百场，每场直播的观看人数几乎都超过 1000 万，那么薇娅直播间是如何维持新鲜感的呢？从"人""货""场"三个角度来分析，可以总结出以下 3 个原因。

第 10 章 直播营销的经典案例分析

（1）人：邀请名人嘉宾

薇娅经常邀请各个领域的名人做客直播间，如当红明星、知名主持人等。这些名人往往拥有很大的粉丝基础，自带"流量"。这些名人来到薇娅的直播间，薇娅的直播内容会因为添加与名人的互动而变得更为丰富，直播间的人气也因为名人粉丝的到来而更高，并且，在直播结束后，薇娅的名字也会和名人的名字一起登上"热搜"。直播团队也会把互动场景做成短视频在短视频平台传播（见图10-2），从而进一步提升薇娅的知名度。

图 10-2　薇娅与知名主持人的互动场景短视频

（2）货：专场直播

薇娅背后有专业的选品团队，通常会挑选高性价比的商品，从而保证场场都有促销，场场都有新品，商品的重复度较低，能让用户持续保持新鲜感。除了常规的直播外，薇娅还会进行专场直播，包括品牌专场直播和公益专场直播。

品牌专场直播，是薇娅与某些品牌合作，为其举办的专场直播。这种模式能够让薇娅团队更好地管控售前、售后，为用户提供更有保障的购物体验。

公益专场直播，是薇娅在直播间举办助农公益专场直播，这样既能让直播间的用户购买到具有地域特色的优质商品，又能帮助农民增收。薇娅也由此获得了"创新慈善特别贡献奖"。

（3）场：制造专属节日

薇娅及其团队擅长"造节"。早在2017年，薇娅就开始尝试以"造节"为创新点，变着花样搞促销活动，其中节日包括薇娅感恩节、薇娅粉丝节、薇娅服饰节、薇娅生活节、薇娅美丽节、薇娅家居节等。

例如，薇娅团队在 2020 年 5 月 21 日主办的"521 感恩节直播晚会"，邀约了 28 位明星来到直播间。一时间，薇娅的直播间众星云集。同时，直播间还提供了汽车、手机、空调等商品，并以 5.21 元的价格让用户进行"秒杀"，观看人数也突破了 1.12 亿。

可见，这些节日，不仅丰富了直播的表现形式，还提升了薇娅个人品牌的影响力，更重要的是，这些节日为"促销"添加了"意义"，给直播间的用户带来了福利和惊喜，增强了用户对薇娅的黏性。

课堂讨论

在条件允许的情况下，看一场薇娅的直播，说一说她的直播有哪些特别之处。

10.3　刘涛的直播案例分析

2020 年 5 月 9 日，刘涛在微博平台宣布，正式入职阿里巴巴，成为聚划算官方"优选官"，化名为"刘一刀"。

2020 年 5 月 14 日，刘涛进行直播变现首秀，4 小时达成 1.48 亿元的销售额，累计观看人次突破 2100 万，创下全网明星直播的新纪录。

2020 年 5 月 19 日和 5 月 30 日，刘涛再次开启直播，每场直播的观看人数均超 1000 万，销售额均突破 1 亿元。

2020 年 6 月 6 日的聚划算"66 盛典"，刘涛创下单场 2.2 亿元的交易新纪录，并创下 4 场直播场均成交突破 1 亿元的纪录。

2020 年 6 月 17 日，刘涛在直播间销售碧桂园的房子，瞬间"秒空"，整场直播"带货"超 2.1 亿元……

刘涛交出了一份优秀的答卷，不少媒体和用户对刘涛的直播给出了极高的评价。

那么，刘涛的直播数据为什么会这么好呢？有哪些特质是值得学习的？有哪些做法是值得借鉴的？相对来说，刘涛的直播有以下两个特点。

1．货：刘涛制胜的关键

刘涛的直播能取得每场销售额突破 1 亿元的成绩，除了刘涛自身的名气与努力之外，很大一部分功劳要归功于阿里的聚划算平台，从选品的品类到促销价格再到售后服务，聚划算平台为其开启全链式保驾护航。

（1）品质保障，品类丰富

以往演员进入直播间大多属于客串，不参与选品环节，而此次刘涛作为聚划算官方"优选官"，不仅参与直播，还会介入选品环节，因此从商业角度上，刘涛的变现身份与其他演员有着本质差异。

聚划算本身就是一个生活气息浓厚的平台，主打的就是"高品质、低价格、保真"，聚划算内部选品流程会分为三轮，前两轮会由团队围绕刘涛的人设与擅长的领域，挑选高性价比的商品，而最后一轮才由刘涛做最终筛选。

刘涛的直播间，推荐的商品有食品、日用品、化妆品、电子商品等多个品类。为了确保商品的品质，刘涛会仔细浏览每个商品的评价，还会去微博、小红书等平台进一步搜索，并且还会带着选品团队一起对商品进行一轮体验，确认商品的品质过关后，才会对外推荐。在直播开始前，刘涛要确定自己能告诉用户"我为什么喜欢这些东西？大家是不是能和我有一样的感受？如何能够得到大家的共鸣？"

依托聚划算平台，选品团队通过层层筛选，能够过滤掉大量不符合要求的商品。但即使如此，刘涛进行最终筛选时，也会认真筛选，拿着表格仔细核对商品的价格和细节，而不是"走过场"。刘涛常说"用得到才值得买"。作为"优选官"，她会给用户选出真正高性价比且实用的商品。从数据上看，刘涛在直播间推荐的商品的售罄率平均高达 90%，可见商品的受欢迎程度。

此外，刘涛开播的前四场直播数据显示，其直播不仅给合作品牌带来了销量，还为合作品牌带来了大量的新用户，为店铺沉淀了大量新用户。例如，销售维达纸巾时，引来近 500 万用户进店等。而品牌方看到刘涛直播间的潜力，也更愿意参与直播，从而让刘涛直播间的商品品类更加丰富，最终实现多方共赢的局面。

（2）百亿补贴，价格优惠

在商家折扣及聚划算百亿补贴的双重加持下，刘涛在直播间更有底气将商品推荐给用户。

- 万科半价海景房，距离沙滩 50 米，79 平方米只需 47 万元！
- 原价 16200 元的女包，直播间仅需 6666 元，上架即售罄！
- Apple iPhone12 全网通 5G 手机，通过百亿补贴，比原价便宜了 1000 元。这款商品只要出现在直播间，都能快速被"秒光"。

除高价商品外，像电动牙刷、纸巾、零食等用品，价格也是相当实惠。

刘涛在介绍商品价格时，不同于一些主播采用的"口播+纸张"的呈现形式，刘涛直播间采用的是"屏幕播报"的形式，呈现形式更加直观、和谐，如图 10-3 所示。

图 10-3　刘涛直播间的"屏幕播报"

可见，刘涛的成功并非一个人的成功，而是依托雄厚的平台实力与专业化的团队在全流程中各司其职，共同达到的成果。这也在一定程度上说明了组建团队对于直播营销的重要性。

2．场：刘涛的创新玩法

一般的直播，大多以竖屏小空间形式呈现，主播坐在镜头前讲解商品。但是，刘涛的直播间最大的创新点在于采用沉浸式、场景化直播变现模式，直播团队"半复刻"了刘涛的家，整个直播过程都围绕着刘涛的厨房、客厅、卧室等场景展开，结合不同的生活场景来充分展现商品的使用价值。

在刘涛看来，厨房是给全家人做饭的地方，所以要在这里介绍破壁机、烤箱、电饭煲、榨汁机等厨房电器；厨房之外，就是一家人吃饭的餐厅，正好在这里介绍啤酒、即食小龙虾和各种食品。餐厅的旁边就是客厅，客厅里放着三人沙发，铺着地毯，在这里介绍生活用品。例如，刘涛喜欢收拾屋子，对收纳很在行，她会在客厅介绍可以抽真空的衣物收纳袋，一边介绍使用方法和优惠价格，一边抚平收纳袋的褶皱。介绍完成后，她往沙发后面一靠，擦了擦脸上的汗，随后顺理成章地介绍起了擦汗用的纸巾。

当然，这些巧妙的场景都是经过精心设计的。在开播前，聚划算团队会和刘涛一起设计直播中推荐商品的顺序，例如，哪些商品是可以连在一起卖，哪些需要增加现场互动和演示。图 10-4 所示为刘涛在直播间展示"拌粉"。并且，刘涛在每次直播结束后还会进行复盘，不断优化推荐方式。

刘涛的直播形式，兼顾了综艺和变现的两种需求，相对常规直播更有代入感及新鲜感，营造出不一样的直播购物体验。这种直播形式的设计理念，正如刘涛在节目访谈中所说："我觉得采用这种沉浸式直播方式，更多的是一种分享，我分享自己的一种生活方式，我希望来到直播间的人，都能感受一种生活方式和一种生活状态，你可以把它想成一场脱口秀，你也可以把它想成一个综艺节目。"

图 10-4　刘涛在直播间展示"拌粉"

课堂讨论

在条件允许的情况下，看一场刘涛的直播，说一说她的直播有哪些特别之处。

思考与练习 ●●●

结合这些知名主播的直播案例，说一说直播营销的成功之道。